【文庫クセジュ】

フランスの宗教戦争

ニコラ・ル・ルー著
久保田剛史訳

Que sais-je?

白水社

目次

はじめに

アンシャン・レジーム期における王政の行方は十六世紀後半に決定づけられた。宗教戦争は、前例のない政治的混乱と宗派間暴力の時期であり、当時の人々によって「宗教をめぐる」衝突というよりも、むしろ貴族による派閥闘争のようなものとされた。実際、一五五九年にアンリ二世の事故死によって宮廷の機能が大きく動揺すると、その直後に表立った危機が生じた。一方で、プロテスタントの台頭は、国王を唯一の政治的頂点とした君主制や社会生活の根底にある統一性という理想を打ち砕いた。

フランスは四十年近くの間、不安定な平和状態をはさみつつも、相次ぐ紛争に見舞われた。伝統的には、一五六二年三月一日にギーズ公の従者によっておこなわれたヴァシーの虐殺が、戦争の引き金とされている。しかし、王国はその二年前から反乱の前兆を示していた。宗教戦争の時期は、八つの紛争に分けられるのが慣例である。すなわち、一五六二〜一五六三年〔第一次〕、一五六七〜一五六八年〔第二次〕、一五六八〜一五七〇年〔第三次〕、一五七二〜一五七三年〔第四次〕、一五七四〜一五七六年〔第五次〕、一五七六〜一五七七年〔第六次〕、一五七九〜一五八〇年〔第七次〕、一五八五〜一五九八年〔第八次〕である。これらの紛争はいずれも限定的な礼拝の自由を改革派に認めた和平王令によって終結し、ときには軍事上・司法上の保証をともなうこともあった。実際には、第二次宗教戦争と第三次宗教戦争は、ほぼ一続きの戦争をなしており、一五七三年のきわめて制限的な王令〔ブーローニュ王令〕は施行されなかった。

宗教戦争は、当時の人々を驚愕させた暴力の時期であったが、同時に政治実験の場でもあった。王政はつねに時局の変動に対応しようとした。教義的合意への道が閉ざされたかのように見えたため、一五六二年一月に寛容の原則が打ち出され、宗教的少数派に対して礼拝の自由がはじめて公式に認められた。一五六三年、最初の和平王令によって限定的な礼拝の自由が定められ、プロテスタントがすでに宗教活動をおこなっていた場所に加えて、彼らがきわめて少数派であった地域の場所の一部で、宗教活動が認められた。宗派の違いこそあれ、ともに生きることを保証しなければならなかったのである。

聖バルテルミーの虐殺(一五七二年)は、それより十年前に始まった少数派撲滅のための暴力運動の頂点であり、終焉でもあった。

一五七四年からは党派的境界が曖昧になった。第五次宗教戦争の際には、「不満派《マルコンタン》」とよばれる、王政の権威に対抗する新旧両派の混成組織が結成された。さらに、第八次宗教戦争は王位継承の危機に端を発するとされている。一五八五年、プロテスタントがいずれ王位を継承する可能性があることに敵意を抱いたカトリックの旧教同盟派は、アンリ三世に対抗して武装し、和平王令を撤回させようとした。

フランスを引き裂いた戦争は、ヨーロッパを舞台とした国際紛争の一部でもあった。カトリック側では、スペインと教皇庁がプロテスタントに対する戦いに加わったのに対し、イングランド、複数のドイツ諸侯、デンマークはユグノー軍に融資し、あるいは軍事的に支援した。スイスのカトリック州はフランス国王に兵力を提供していた。一五六六年からは、隣国のネーデルラントも「フランスの」内戦の渦に巻き込まれ、国境を挟んだ両側で紛争がくり広げられるようになった。こうした背景を無視して、聖バルテルミーの虐殺と旧教同盟派の蜂起を理解することはできない。

この時代は、正しい統治という問題をめぐって、深い考察がおこなわれた時期でもあった。改革派の「暴君放伐論者《モナルコマク》」やカトリックの「ポリティーク派」は、それぞれ異なる道を歩んでいた。しかし、これらの思想家たちは結局のところ、何としても社会秩序を維持しなければならないという考えで一致した。宗教的合意が和解の条件になりえない以上、平和すなわち王に対する服従こそが、神の怒りを鎮め、キリスト教徒を和解させることを可能にするのであった。

国王の人物像は、最初はプロテスタントから非難されていたものの、後にカトリックの激しい怒りを買い、ジャック・クレマンによるアンリ三世の暗殺（一五八九年）、そして内乱の直後にラヴァイヤックによるアンリ四世の暗殺（一六一〇年）を引き起こした。

第一章　神とその民

一　福音の呼びかけ

ルター〔一四八三〜一五四六〕のメッセージは、一五二〇年頃からフランスに広まりはじめた。このヴィッテンベルクの僧侶の呼びかけに魅了された修道士たちが、キリスト教の原初的純正への回帰を説き、ローマ教会の腐敗を告発していたのである。彼らによると、すべてのキリスト者は司祭なのであるから、ローマ教会が神の言葉を独占的に宣べ伝えようとするのは、許しがたいことであった。

当時フランスでは、信仰を典礼上の義務から解放してふたたび活気づけようとする福音主義の動きがすでにあった。エラスムス〔一四六六（六七）〜一五三六〕の著作は、教養人のあいだで大成功を収めていた。このネーデルラントの人文主義者は、人間と神のあいだに仲介的存在を認めない「キリストの哲学」を説いていた。唯一の真なる仲介者はキリストである以上、聖母崇拝や聖人崇拝は、ほとんど意味のないものだった。信仰とは、あくまでも内的なものであり、神の言葉の深い理解を通してイエスと結びつくことであった。とりわけ必要なのは聖書を直接読むことであった。そのため、一五二三年からジャック・ルフェーヴル・デタープル〔一四五〇頃～一五三六頃〕によって聖書がフランス語に翻訳された。この偉大なギリシア語学者は、アリストテレス研究の変革者であり、フランソワ一世の姉マルグリット・ド・ナヴァル〔一四九二～一五四九〕が保護する人文主義者たちの学問的サロンに属していた。マルグリット自身が求めていたのは、キリストの教えを深く知ることで育まれる、きわめて個人的な敬神の念である。ラブレー〔一四九四頃～一五五三頃〕の立場もこれと同じだった。ラブレーは『ガルガンチュア』（一五三四年）の中で、福音主義的な人たちが集うことのできる理想的な隠れ場として、テレーム修道院を描いていた。

印刷術は新たな思想の発展に重要な役割を果たした。この新しいメディアがなければ、宗教的危機は生じなかったであろう。一五三四年十月十七日から十八日にかけての夜、実体変化〔聖体の秘跡において、パンとぶどう酒がキリストの体と血に変わるというカトリックの教理〕の秘儀を糾弾した檄文、すなわちビラが、パリを中心としたいくつもの都市や、国王の居住地であったアンボワーズ城にも張られた。この非常に攻撃的な文書は、アントワーヌ・マルクールとよばれるヌーシャテルの牧師によって書かれ、聖体の秘跡を異教徒の儀礼におとしめるものであった。マルクールが影響を受けていたのは、チューリッヒの宗教改革者フルドリッヒ・ツヴィングリ〔一四八四～一五三一〕の思想である。ツヴィングリは聖餐を、キリストの受難を再現するいけにえ〔の儀式〕ではなく、キリストが弟子たちとした最後の食事、すなわち主の晩餐を思い起こすための記念的儀式とみなしていた。実体変化説が主張するところに反して、パンとぶどう酒のうちにキリストは現存しないとされた。さらには、聖別されたホスチアの神を「聖体パンの神ジャン《ジャン・ル・ブラン》」〔ジャンという人名は「愚か者」や「役立たず」という意味にも用いられていた〕と称して、カトリックの崇拝を揶揄することもあった。

　聖体の秘跡に対する攻撃は、カトリックにとってとりわけ侮辱的なものに思われた。というのも、キリストの現存という教義は、キリスト教徒の統一というイメージを作り上げていたからだ。大多数の信徒にとって、神は近しく明らかな存在であり、改革派の神のように遠く、感覚を通して認識できない存在ではなかった。キリストと聖人は集団をまとめる共同祭儀で崇拝されていた。

　一方、プロテスタントが実践していたのは、聖像や物品にもとづいた宗教ではなく、神の言葉と聖書にもとづいた宗教であった。彼らはさまざまな像、とりわけ聖母マリアや聖人やキリストの彫像を排斥していた。イエスは、視覚という偽りの感覚を通してではなく、聖書の言葉によって養われた心を通してのみ、認識することのできる存在であった。プロテスタントにとって、聖遺物は偶像崇拝の手段にすぎなかった。

ピカルディー地方出身の青年ジャン・カルヴァン〔一五〇九～一五六四〕が、迫害を逃れてスイスに亡命し、フランス改革派の信仰の基礎となる作品を書いた。彼の『キリスト教綱要』は、一五三六年にラテン語で刊行された長大な概論であるが、一五四一年にはフランス語で出版され、のちに加筆が施された。この作品は、キリストの御言葉にかなう教義を完全に示そうとしたものである。カルヴァンによると、信仰のみが信徒たちを救いに導くことができるのであり、信仰の基盤をなすものはもっぱら聖書の理解である。教会の伝承〔聖伝〕や教父たちの著作は、それ自体で完結したテクスト〔すなわち聖書〕に不要な要素を加えたものとされる。信徒たちの行為にはいかなる救いの力もない。というのも、人間は本来、神の恩寵にふさわしからぬ存在であり、蒙昧と空虚と虚妄にすぎないからである。人間の罪をあがなうのは、キリストの犠牲だけなのだ。それに神は、永遠の命を定められた選ばれし者たちと、永遠の命を約束された呪われし者たちを、ご自身の好きなように選ぶ。真のキリスト者は、神の予定《プレデスティナシオン》という神秘を解き明かそうとはしない。「神の知恵の深きところに立ち入ろう[1]」とすることは、サタンに屈し、暗闇の中でさまようことになろう。信仰をもつこと自体が、選ばれたしるしとされる。結局のところ、信仰と福音はまったく同じものなのだ。というのも、神の義は、神の御言葉を通して与えられるのであり、功徳と罪の検討にもとづく裁きの結果ではないからだ。「われわれは、われわれを断罪する裁き主を天にもたず、その代わりに憐れみ深い父をもっている[2]」。真のキリスト者は、義にかなっているからこそ罪なき生活を送るのであり、その逆ではない。信仰は聖書に霊感を受けた二つの儀式、すなわち洗礼と聖餐の聖礼典《サクラメント》によって支えられている。聖餐は、年に四回のみおこなわれるが、パンとぶどう酒の両形態での会食を通して、キリストと霊的に結びつくことを可能にしてくれる。カトリック教会のミサは、イエスの犠牲という永遠かつ完全なる徳に疑義を差しはさむ、悪魔的な儀式とみなされる。

カルヴァンはフランソワ一世に訴え、プロテスタントが模範的なキリスト者であるだけでなく、忠実で従順な臣民であると断言していた。『キリスト教綱要』の冒頭に掲げられた書簡は、やがて君主が福音の真理に心を向けるだろう、という希望によって幕を閉じる。「いとも強く賢明なる王よ、願わくは王の王なる主が、陛下の王座を正義のうちに、また陛下の統治を公平のうちに、固く立たしめたまわんことを[3]」。しかし、この祈願は脅しのようにも思われた。

カルヴァンは、バーゼルの後にジュネーヴに行き、それからストラスブールを経て、ふたたびジュネーヴに戻り、そこで一五四一年から一五六四年に亡くなるまで暮らした。彼はジュネーヴで、長老会（牧師、長老、執事からなる教会会議）の方針にもとづく教会を創設することに努めたが、これはのちにフランスの改革派集団のモデルとなった。さらに彼は、テオドール・ド・ベーズ

〔一五一九〜一六〇五〕とともに、神の御言葉を伝えるための牧師たちも養成した。牧師として各地を巡回していた説教師《プレディカン》は、カトリック教会と王政当局から異端者とみなされていただけでなく、騒乱の扇動者や他国のスパイのようにも思われていた。

二　火刑と殉教者

プロテスタントは自分たちこそが迫害にさらされた選民であると感じていた。彼らの迫害は、旧約聖書のヘブライ人と古代ローマの初期キリスト教徒を同時に思い起こさせるものであった。一五二三年から一五六〇年までの間、フランスでは異端もしくは宗教問題にかかわる治安破壊のかどで、およそ五百人（ヨーロッパでは計三千人）が死刑に処された。一五二〇年代には、拷問はまだ非常にまれであり、とりわけ冒瀆罪で訴えられた修道士が対象とされていた。最初の大規模な死刑（一五三四年十一月から一五三五年十二月までに二四件）のきっかけは、檄文の公表である。フォンテーヌブロー王令（一五四〇年）、シャトーブリアン王令（一五五一年）、エクーアン王令（一五五九年）により、弾圧を加えるのは、もはや宗教機関ではなく、王国の司法当局となっていた。一五四六年、フランス最古の改革派の一つであるモーの改革派集団は、壊滅的な打撃を受け、七十人が逮捕されて十四人が死刑に処された。さらに、弾圧がとくに厳しかったのは、一五四七年から一五五〇年にかけての、パリ高等法院の火刑裁判所《シャンブル・アルダント》が特別法廷として機能していた時期であった。平均すると、一五四五年から一五四九年までに毎年少なくとも二八人が、一五五〇年から一五五九年までに毎年十六人が死刑に処された。しかし、注目すべきは、ほとんどの裁判において、死刑ではなく高額な罰金刑が下されていたという点である。

王国の暴力にさらされた犠牲者たちは、ただちにプロテスタントによって、真の信仰に殉じた人物とみなされた。彼らの苦難の記憶は、不屈さと忠誠心の道を示すものとして残されなければならなかった。すでに一五五四年、ジュネーヴの出版業者ジャン・クレスパンが刊行した『殉教者列伝』は、改革派信仰の最初の英雄たちによる模範的な運命を描いていた。それから数年後、パリの牧師アントワーヌ・ド・ラ・ロッシュ＝シャンディユは、一五五七年から一五六〇年までの時期を扱った『パリ教会の迫害と殉教者の歴史』（一五六三年）を執筆した。これらの殉教録は、火刑台に向かう受刑者たちの毅然とした態度と、キリストの道への邁進《まいしん》が彼らにもたらす喜びを描いたものである。イエスは彼らの心に宿り、聖なる御言葉は彼らの胸に響いていた。誰一人として迷う者はなく、彼らの心の強さは召命感をもたらしていた。そして彼らは、クレマン・マロ〔フランスの詩人、一四九六〜一五四四）の仏訳による詩篇を最後まで歌うのだが、これは当局者の目には容認できない挑発行為のように映った。受刑者たちが猿ぐつわをさせられたり、舌を切り取られたりしたのは、そのためである。

殉教録ではカルヴァンの書簡と同じく、改革派の信徒たちが、サタンに屈した世界に置かれて苦しむ選民として登場する。迫害とは、神の御言葉に含まれる真理を隠すことで人々を真の信仰から遠ざける悪魔の仕業なのだ。カトリック教会は堕落した組織であり、人々を救いに導くことなどできない。悪はいたるところにあり、真のキリスト教徒はたえず悪と戦わなければならないのだ。

一五五九年十二月二十三日、パリ高等法院評定官アンヌ・デュ・ブールが処刑されたのは、とりわけ衝撃的な出来事であった。グレーヴ広場には大勢の群衆が集まった。死刑囚はアンリ二世に敢然と刃向かった著名な裁判官であった。同年六月十日、アンヌは大胆にも国王の前で改革派の信仰告白を宣言したが、他の同僚たちとは違って、その後も撤回することはなかった。火刑が改宗を断念させることはなかったのである。

三　改革派の集い

一五五〇年からの十年間で、プロテスタントは目覚ましく拡大した。テオドール・ド・ベーズはその歴史を壮大な『〔フランス王国における〕改革派教会史』（一五八〇年）で語っている。この牧師は、困難な状況にかかわらず、礼拝をおこない詩篇を歌うために集う信徒たちの熱心さを記している。フランスでは一五六二年一月に二一五〇の改革派教会があった、とベーズは断言している。これは、プロテスタントの拡大に鑑みてカトリーヌ・ド・メディシス（一五一九～一五八九）に礼拝の自由を認めてもらうべく、カルヴァン派に好意的であった大貴族コリニー提督（一五一九～一五七二）が彼女に進言した言葉とされている。歴史家たちは、一五六一年には六四八の教会、一五六二年には八一六の教会しか確認しておらず、これはおそらく王国の人口の一〇パーセント（百五十万人）にすぎない。したがって、神聖ローマ帝国とは事情が異なり、プロテスタントに改宗した人はごく少数派だったのである。ポワトゥー地方からギュイエンヌ地方とラングドック地方を経てドーフィネ地方にいたる南部、いわゆる「改革派の三日月地帯《クロワッサン・レフォルメ》」では、ノルマンディー地方と同じく改宗者が増加した。主要交通路から離れた中央高地やブルターニュ地方では、それほど影響はなかった。

宗教改革は社会上の変革ではなく、文化的断層を動かす精神的な解放運動であった。改革派のメッセージは識字者に向けられていたため、改宗はまず聖職者と都市住民のあいだでおこなわれた。最初のプロテスタントには、職人や労働者だけでなく、商人、法曹関係者、王国官吏も含まれていた。リヨンでは、宗教的正統性を厳重に監視する高等法院も大学もなく、印刷工房がとくに多かったため、カルヴァン派は六万人とされる人口のうち、およそ三分の一を占めていた。改宗者はとりわけ中洲地区に住む職人たちに多かったが、一方、名士たち（聖職者や大商人）が住むソーヌ川右岸の地区では、それほど影響はなかった。ニームでは、宗教改革はむしろ民衆的な運動であり、エリートが賛同したのは運動がかなり広がってからだった。モンペリエでは、繊維業、皮革業、鉄鋼業の職人に加えて、法曹関係者や書記官がプロテスタントの中核をなしていた。それに反して、農民やブドウ栽培者や農業労働者は、この運動にほとんど感化されなかった。ブドウ栽培者たちの宗教改革に対する嫌悪は、とりわけディジョンに顕著に見られる。この都市はあまり改宗の影響を受けなかった。

プロテスタントはひっそりと集まり、ジュネーヴ流の礼拝をおこなっていた。一五五五年九月、パリの改革派集団は、最初の「組織づけられた《ドレセ》」教会、すなわち常任の牧師と教会規律を担う長老を中心とした教会を創設した。首都では、この運動が職人や商人、書籍商人や金銀細工師だけでなく、王国官吏や貴族にも及んでいた。一五五七年九月四日から五日の夜にかけて、ソルボンヌの裏手のサン＝ジャック通りに面した家に、信徒たちが集まって聖餐式をおこなった。儀式が終わった真夜中のころ、礼拝に参加していた四百人の男女が、コレージュ・デュ・プレシス〔後のリセ・ルイ＝ル＝グラン〕の神父たちに襲撃された。人々は灯火をつけ、棍棒を手にして集まった。一人の男が群衆によって惨殺された。夜警隊が到着し、百三十人ほどが逮捕されたが、その中には上流階級の婦人も数名いた。カルヴァンは国王アンリ二世に手紙を書き、フランスのプロテスタントが国王の権威に異を唱えるものではなく、神に仕えることだけを目指したものであると断言した。

次第に勢力を増したパリのカルヴァン派は、いくつもの派手な示威行動に出た。一五五八年五月十三日から十六日にかけての夕方に、セーヌ川左岸のプレ・オ・クレール〔ルーヴル宮の対岸にあった空き地〕に四千人が集まり、詩篇を歌った。一五五九年五月、王国内の教会代表者を集めてパリでひそかに開かれた全国教会会議において、改革派の信徒たちは、カルヴァンが起草した信仰告白と教会規律を採択した。

一五五六年あるいは一五五七年からは、フランソワ・ダンドロやその兄ガスパール・ド・コリニー提督のように、何人かの大貴族が改宗した。コリニー提督は妻シャルロット・ド・ラヴァルと同じ歩みをたどったにすぎない。改宗は血縁関係や同盟関係を介しておこなわれ、そのため女性が中心的な役割を果たした。コンデ公ルイ・ド・ブルボン〔一五三〇〜一五六九〕は、宗教的な理由だけでなく、ギーズ家に対抗する政治的立場を明確に示すためにも、プロテスタントに仲間入りすることを選んだ。ブラントーム〔一五四〇〜一六一四〕は、コンデ公を小柄ながらも頑強な人物として描いており、「当時、この王子は信仰心よりも野心に満ちた人物とみなされていた(4)」と述べている。これこそカトリックがコンデ公に抱いていたイメージである。コンデ公の兄アントワーヌ・ド・ブルボン〔一五一八〜一五六二〕は、改革派のメッセージに関心を示したが、カトリック教会の信仰にとどまり続けた。一方、彼の妻ジャンヌ・ダルブレ（マルグリット・ド・ナヴァルの娘）は一五六〇年に新教に入信した。一五五三年十二月に生まれた彼らの息子、後のアンリ四世は、カトリック教会で洗礼を受けたが、母親は彼を改革派の精神にそって育てた。ジャンヌ・ダルブレは一五六一年、ベアルン地方でプロテスタンティズムを公式宗教と認め、その十年後にカトリシズムを禁止した。

貴族階級の女性たちが新たな傾向の普及に重要な役割を果たした一方、男性について言うと、改革派のメッセージが多くの将軍たちを魅了させたのは、一五五九年にスペインとの戦争が終わった後、彼らが復員したからだと考えられる。スペインとの戦争が終わったことで、彼らは剣をもって神に仕えるという献身の方法を見いだしたのである。

四　信教の自由を求めて

一五六〇年三月初め、若き王フランソワ二世は、「信仰および宗教にかかわる犯罪や事件」(5)の被告人のうちでローマ教会に復帰することに同意した人々のために、大赦令に調印した。プロテスタントは、もはや異端者ではなく、ジュネーヴから来た説教師《プレディカン》たちに惑わされて道を誤った者とみなされた。新たな治世は寛大なおこないによって幕を開けるはずだった。しかし、説教師たちはこうした恩赦措置から除外されたままであった。これは外国からの敵、つまり王国を滅ぼそうとする陰謀者を特定するためであった。これこそ王母カトリーヌ・ド・メディシスや、比較的穏健な王国顧問官たちが望んだ方針であった。それから数日後、プロテスタントの将軍たちがアンボワーズで暴力活動を企てた。激しい鎮圧がおこなわれたが、宥和政策が白紙に戻されることはなかった。

真の転機が訪れたのは、一五六〇年五月のロモランタン王令により、王室当局が異端の弾圧から手を引き、ふたたび教会裁判所に委ねたときである。これにより今後は処刑がおこなわれなくなる。一方、王政は暴動や非合法の集会を罰することに専念し、とくに罪が重いのは改革派の説教師《プレディカン》であると考えていた。王国の上座裁判所〔控訴審に相当〕は、上訴することも認めずに彼らを裁いていたのである。その目的は、何としても治安を維持することにあった。この〔ロモランタン王令の〕法文は、長い議論の末、七月中旬にパリ高等法院に登録された。

王母と並んで、この政策の主な立役者となったのは、大法官ミシェル・ド・ロピタル〔一五〇四〜一五七三〕である。エラスムス的な感性をもったこの人文主義的法学者は、さまざまな党派の要求を考慮に入れた信仰箇条のもとに、すべてのキリスト教徒を集めることができると考えていた。ロピタルは「仲介者《モワイヤヌール》」であり、和合《コンコルド》、すなわち刷新されたカトリシズムのもとでの人々の心の統一を支持する者であった。とはいえ、彼は紛争を終結させるために、迅速かつ有効な裁判の必要性も訴えていた。

こうした方針は、一五六一年四月十九日にフォンテーヌブローで調印された新たな王令によって確認され、カトリック教会の慣習に反対する集会はもちろん、「教皇礼賛者《パピスト》」〔カトリックに対する蔑称〕や「ユグノー」〔一五六〇年に登場した新語で、同盟者、すなわちスイス人を意味するドイツ語の Eidgenossen に由来〕といった、特定の宗派に対する侮辱も禁止されることになった。この王令はとりわけ宗教上の理由による個人宅の家宅捜索を禁じていた。そのため、誰もが逮捕される恐れもなく、自宅で好きなように祈ることができた。信教の自由は事実上認められていたのである。次なる段階として、一五六二年一月には礼拝の自由が認められた。

一五六一年七月にサン＝ジェルマン＝アン＝レにて調印された新たな王令が宣言しているように、もっとも重要なのは、国王のあらゆる臣民を「団結と友情のもとで」[6]生活させることであった。改革派に対する礼拝の禁止は維持され、一年前のロモランタンでの決定事項（異端と反乱を区別したうえで、前者は教会によって、後者は王国の上座裁判所によって裁くこと）が確認された。とりわけ、いかなる種類の暴動や反乱であろうと、いずれも違法であることが強調された。銃器の携帯だけでなく、都市における剣や短刀の携帯も厳しく禁じられていた（貴族は除く）。さらには、慈悲心を示して過去のあやまちをすべて忘れようとする国王の意志が強調されていた。カトリック教会の教えに従って平和に暮らそうとするすべての人に対しては、新たな恩赦が認められていたのである。こうした立場を妥当なものと考えて熱望していたカトリーヌ・ド・メディシスは、とりわけ南フランスの地方総督に対して、「一連の愚行の張本人」たるカルヴァン派の説教師《プレディカン》たちを当然のごとく罰するべきであると説いた。

五　ユグノーたちの熱狂

これらの政策は実行が困難であり、効果もほとんどなかった。暴力的な示威行為が増えつつあった。プロテスタントはカトリック教会のシンボルを公然と攻撃し続けた。ときには乱闘が生じ、両陣営で死者が出ることもあった。リヨンでは、一五六一年六月五日の聖体祭に、聖体行列の参列者がちょうどサン゠ニジエ教会を出たときに、ドニ・ド・ヴァロワという若い職人が、聖体を納めてあるチボリウム〔聖体容器〕に飛びつくという事件が起こった。冒瀆に対する処罰は即座におこなわれた。この男は拳を切られた後、絞首刑にされてソーヌ川の橋の上で首をさらされたが、男の行動は暴動を引き起こした。「神の御聖体のために、ユグノーたちを皆殺しにしなければならない」と叫ぶ人々もいた。何人もの犠牲者が出たが、その中には異端を助長したとの疑いをかけられたコレージュ・ド・ラ・トリニテの学長、バルテルミー・アノーも含まれていた。しかし、ドニ・ド・ヴァロワは、新教への支持をはっきり表明していなかったため、ジュネーヴでは非常に警戒されていた。それから八日後に贖罪行列が組織された。

挑発行為や襲撃が増えつつあった。モンペリエでは、ユグノーたちがノートル゠ダム゠デ゠ターブル教会を占拠し、そこに集会所を設け、しかも一五六一年十月二十日には、サン＝ピエール大聖堂に押し入り、内陣を荒らして修道士たちを殺した。町の他の教会も同じように破壊された。南フランスの数々の都市（フュメル、ミヨー、ニーム）では、私邸で礼拝をおこなっていたプロテスタントの人々が、公共の場での礼拝を要求したが、地方当局によって拒否されていた。彼らは武装して町中を行進し、宗教的儀式のときに聖職者たちを攻撃していた。カオールでは、一五六一年十月二十八日の祭りの日に、三百人のプロテスタントが町を埋めつくし、聖職者を侮辱したり詩篇を歌ったり、シャルトル会修道院を荒らしたりした。こうして緊張が高まった結果、十一月十六日、聖職者たちに導かれた群衆は、ユグノーたちが集まっていた家に火を放った。火を逃れた人々は路上で惨殺され、三十人ほどが犠牲者となった。これは改革派に対する最初の集団暴行であった。恐怖が人々の心をとらえていたのである。

パリでは、カトリック教会の過激な説教師ジャン・ド・アンスが、異端者の絶滅を呼びかけていた。一五六一年十二月、彼が王室当局に逮捕されると暴動が起こり、その後すぐに釈放された。それから数日後、サン＝メダール教会がカルヴァン派によって荒らされた。

こうした状況のもとで、カトリーヌ・ド・メディシスは、プロテスタントに礼拝の自由を認めることに同意したのである。それは何としても治安を守るためであったが、とりわけ南フランスでは、当局の手に負えない状態が続いていた。この決定は平穏を取り戻すどころか、かえって緊迫状態を高めることになった。いずれにせよ、『プチ・タラムス』と題されたモンペリエ市の年代記には、そうした出来事が書かれている。「この年［一五六二年］、フランス王国では、宗教問題をめぐるあの血まみれの恐ろしい内戦が始まった。というのも、先ほど述べた一月王令により、新教の信者たちに対して、市外のあらゆる場所で説教をすることが認められたため、いくつもの騒擾、暴動、反乱が起きたのである」[7]。しかも年代記では、こうしたことは国王シャルル九世が「まだ子供であった時期」に起こった、と記されていた。

訳注

（1）Jean Calvin, *Institution de la religion chrestienne*, Genève, Michel du Bois, 1541, p. 489 (chapitre VIII).

（2）*Ibid*, p. 354 (chapitre VI).

（3）*Ibid.*, E5 v° (Epistre au roi).

（4）Brantôme, *Vie des grands capitaines françois, dans Œuvres complètes de Pierre de Bourdeille, seigneur de Brantôme*, tome IV, éd. Ludovic Lalanne, Paris, Veuve Jules Renouard, 1868, p. 339.

（5）Antoine Fontanon, *Edicts et ordonnances des Rois de France*, Paris, s.n., 1611, tome IV, p. 262 ; François-André Isambert et als., *Recueil général des anciennes lois françaises*, Paris, Bélin-Leprieur, 1829, tome XIV,

p. 23.

(6) Fontanon, tome IV, p. 264.

(7) *Thalamus Parvus. Le Petit Thalamus de Montpellier, Cinquième partie : La chronique française*, Montpellier, Jean Martel Aîné, 1840, p. 533.

第二章　君主が子供の国

一　結集と緊迫

貴族階級は王権に反抗する習慣がなかった。公益同盟〔ルイ十一世に対抗して大貴族が結成した同盟〕（一四六五年）や道化戦争〔シャルル八世の時代に起きた封建領主と王室との戦争〕（一四八五〜一四八八年）以来、王国で貴族の反乱は起こらなかった。一五二三年、ブルボン元帥〔ブルボン公シャルル三世〕はフランソワ一世に反乱を起こした。しかし、ブルボン元帥の支持者はきわめて少なかったので、彼は逃亡して皇帝カール五世〔神聖ローマ皇帝、スペイン王カルロス一世〕に仕えるしかなかった。

フランソワ一世とアンリ二世の時代に王国の体制が強化されたが、王政が大貴族や都市の名士たちに依存することはなかった。対話は、とりわけ地方三部会の会議を通して、たえずおこなわれていた。司法のピラミッドは——高等法院、〔異端を取り締まるべく一五五二年に設置された〕上座裁判所、バイイ・セネシャル裁判所〔中級審に相当〕、さらにはプレヴォ裁判所〔下級審に相当〕というふうに――きちんと組織化されていたが、ほとんどのフランス人は領主裁判所としか関係をもっていなかった。国王の法律は縁遠いものであり、国家は税務面を除けば、ほとんど存在感がなかった。実際に、国家の圧力が強まったは十六世紀後半のことである。というのも、ハプスブルク家とのほぼ連続的な戦争のせいで、資金を調達する必要があったからである。

　国内での抗議行動は少なかったものの、社会経済的な危機は目に見えて明らかであり、印刷物の使用によって人々の不満がかつてないほど広まった。たとえばリヨンでは、一五二九年四月、小麦価格の高騰をきっかけに〈グランド・ルベーヌ〉〔ルベーヌ rebeyne はリヨン方言で「反乱」の意味〕とよばれる暴動が起こり、「貧者《ル・ポーヴル》」と署名されたビラが張られ、「金貸しと泥棒」による小麦の投機を非難していた。いくつもの家屋が荒らされた後、ワルド派〔改革派に似た思想をもつ古くからの宗派〕が、民衆を反乱に駆り立てた罪で告発された。十年後にリヨンでは、印刷職人たちがとりわけ過酷な労働条件に抗議するためにストライキを決行した。この近代史上初のストライキは〈グラン・トリック〉〔トリック tric は「ストライキ」の意味〕とよばれた。

　一五四〇年代には、サントンジュ地方とアングーモア地方が、塩税に対する抗議運動の舞台となった。さらに一五四八年八月、ボルドー市では反乱が起こり、何人もの司法官や財務関係者が暗殺された。これは王国の地方経済への干渉に対する反乱であり、人々は地域社会とは関係のない「悪者たち」の「策略」を憎んでいたのである。こうしたよそ者への恐怖心は、宗教戦争の時代における政治的イメージを作り上げることになる。モンモランシー大元帥〔アンヌ・ド・モンモランシー、一四九三〜一五六七〕は、軍隊の指揮をとってボルドーに進攻した。数十人が処刑されたが、国王は結局のところ一五四九年に大赦を与えた。国家の暴力は恐ろしいものであったが、その反面、忘却を強いることで平和を実現することも可能であった。

一五五九年四月、カトー＝カンブレジ条約が調印され、スペイン、サヴォイア家、イングランドとの戦争に終止符が打たれた。北フランスの国境は保たれ、王国は最近併合したメス、トゥル、ヴェルダンの三司教領と、イングランド軍から奪取したカレーを保有したが、イタリアへの夢は消えつつあった。サヴォイア公国とコルシカ島については断念しなければならなかった。ピエモンテにおける若干の要塞とサルッツォ侯爵領を保有しただけであった。ところで、一部のフランス人はおよそ六十年間にわたり、戦争のために、そして戦争を通して生活してきた。戦争が絶え間なく続いたことで、おそらくは風習さえも次第に粗暴化しつつあったのかもしれない。外敵の不在は貴族たちにイデオロギーの危機をもたらした。しかも、王国の財源が枯渇していたため、王政の資金に手をつけようとする有力貴族たちの争いがとりわけ激しくなった。

二　陰謀の時期

アンリ二世は急に亡くなったが、この国王には四人の息子がいたので、後継者問題がただちに生じることはなかった。一五五九年七月十日、フランソワ二世が王座についた。十五歳のフランソワ二世は政治上の成人年齢に達していたが、一人で統治することはできなかった。新王妃メアリ・ステュアート〔一五四二～一五八七〕の叔父たち、すなわちギーズ公フランソワ・ド・ロレーヌとその弟のロレーヌ枢機卿シャルルが国政を担当していた。この君主たちは、アンリ二世の首席顧問官であったモンモランシー大元帥に公然と反対していた。彼らはカトリック教会の正統性を公然と弁護し、宗教面で強硬策を推し進めようとしていた。ロレーヌ家の君主たちの権力は多くの貴族の反感を買ったため、フランソワ二世の治世には、不満を表明するためにプロテスタンティズムに改宗する高官たちが何人もいた。

これらの改宗により、一部の改革派は自分たちの信仰を認めさせる時期が来たと思ったのかもしれない。一五六〇年三月、ラ・ルノーディ領主ジャン・デュ・バリーが武器を手にしたのもそのためである。ロレーヌ枢機卿は自分が暗殺されるのだろうと思い込んでいた。ブロワに滞在していた王と廷臣たちは、城の安全がより確実なアンボワーズに避難した。三月十七日、ラ・ルノーディ領主とその仲間たちが町に入ろうとしたが、撃退された。この「アンボワーズの陰謀」に対する恐ろしい鎮圧により、ロレーヌ枢機卿は残酷な人物という評判を得ることになった。しかし彼は、改革派と一連の交渉をおこなうことに完全に反対していたわけではない。

この事件は青天の霹靂《へきれき》であった。暴力と復讐の大きな連鎖が始まったのである。これ以降、不信と恐怖が人々の心を支配するようになった。一方では、国王を孤立させて自分たちの意向を押しつける悪しき顧問官と戦う必要があり、他方では、国王や大臣たちに対する襲撃や反乱を阻止しなければならなかった。

ブルボン家の第一王子アントワーヌ・ド・ブルボンと親交がある、カルヴァン派の法学者フランソワ・オトマン〔一五二四〜一五九〇〕は、ロレーヌ枢機卿に対抗すべく、『フランスの虎に宛てた書簡』と題された非常に過激な風刺作品を書いた。枢機卿はギーズ家の立場を推し進めるために王国を破滅させたと非難されていた。彼は戦争と不和を招く人間、殺人者、宗教の仮面のもとに汚職を隠して教会の収益をくすねる不正な人物とされていた。以降の時代には、この種の誹謗文書が数多く書かれた。これらの文書はオルレアン、リヨン、カーン、さらに一五六八年からはラ・ロシェルで印刷されたが、手っ取り早く安価で、流通しやすいものであった。ギーズ家の悪政に対する批判を通して、人々の政治的意識が次第に高まりつつあった。

アンボワーズの陰謀の後、別の反乱がリヨンで起きた。商人に扮装した多くのユグノーが都市に潜伏し、サン＝ニジエ教会の近くにあるロング通りの家に武器を蓄えていた。一五六〇年九月四日の夕方、問題の家を家宅捜索しようとした町の夜警隊が、銃撃戦に見舞われた。夜警隊が撤退すると、武器をもった三百人の男たちが通りに飛び出して逃げ散った。翌日から処刑が何度もおこなわれた。それ以降、町は夜間パトロールを実施すべく駐屯部隊を置き、厳重に警戒することになった。一連の事件の首謀者とされたコンデ公は、十月三十一日に逮捕された。

三　会合の時期

カトリーヌ・ド・メディシスの圧力により、ギーズ家は争いを封じるべく対話的政策に同意した。名士会は十六世紀前半に三回（一五〇六年、一五二七年、一五五八年）しか開かれず、全国三部会は一四八四年から召集されていなかった。しかし、一五五九年から一五六〇年にかけて始まった危機により、名士会（一五六〇年にフォンテーヌブロー、一五七五年にパリ、一五八三年にサン＝ジェルマン＝アン＝レ、一五九六年ルーアンにて開催）や全国三部会（一五六〇年にオルレアン、一五六一年にポントワーズ、一五七六年および一五八八年にブロワ、一五八八年および一五九三年には旧教同盟によりパリにて開催）の開催回数が増えたのである。国王によって任命された名士たちは、審議をおこなうものの、陳情書を作成することはなかった。一方、王国全土で選出された全国三部会の議員たちは、地方三部会で記された請願書をまとめて、身分別に一つの陳情書を作成していた。いずれにせよ、これらは諮問会議にすぎなかったが、全国三部会の開催後には、三身分からの提案をふまえて宗教改革にかかわる王令が起草されることになっていた。

一五六〇年八月二十一日から二十六日にかけて、宗教的危機について議論すべくフォンテーヌブローで名士会が開かれた。改革派に対する礼拝所認可の拒否が確認され、司教会議と全国三部会の開催が提案された。全国三部会は同年十二月十三日から一五六一年一月三十一日にかけて、オルレアンで開かれた。

その間、一五六〇年十二月五日、フランソワ二世が耳の炎症により死亡し、弟のシャルル九世がわずか十歳で後を継いだ。この小さな少年の中に、王政が理想とするキリスト教的騎士の英雄的な姿を見いだすことは困難であった。当時、国王シャルル九世は十四歳以下で未成年であったため、摂政を立てなければならなかった。カトリーヌ・ド・メディシスがこの役職を引き受けることに決め、オルレアンの三部会でこの決断を承認させた。会議の冒頭で大法官ミシェル・ド・ロピタルは、宗教が「これ以上ないほど大きな熱狂を人間にもたらす」ことから、しばしば無秩序の大きな動機となると指摘した。したがって、和解のためにあらゆる方策を講じなければならなかった。「ルター派とか、ユグノーとか、教皇礼賛者とか、分派や別派や謀反を表わす忌まわしい言葉はやめにしよう。キリスト教徒という名前を変えるべきではない」[1]。宗教的和合が実現されるまでは、国王を頂点とした一つの政治体制のもとに終結し、暴徒たちを追い払うことが必要であった。一五六一年八月一日から二十七日にかけて、ポントワーズでふたたび三部会が開かれ、とりわけ財政問題が論じられた。それに続いてポワシーで聖職者会議が開かれ、王政に与えることのできる財政支援額が決定された。

カトリーヌ・ド・メディシスは、聖職者会議がおこなわれていたポワシーの修道院で新旧両派の会談を設け、妥協点を見いだすという方針に同意した。プロテスタント側の代表団には、テオドール・ド・ベーズを筆頭とする十数名の牧師がいた。カルヴァンはベーズに対して、いっさいの妥協を拒むように命じていた。唯一承諾できるものは福音の真理であり、神の光こそが無知な人々の目を開かせるべきものであった。

一五六一年九月九日、廷臣の列席のもと、ポワシー会談が開かれた。この会談の開会式でベーズは改革派信仰の原則を表明し、カトリック教会の高位聖職者たちを憤慨させた。第二会期では、ロレーヌ枢機卿がローマ教会によるキリスト教会と聖体の教義を説いた。さらに枢機卿は、第三会期で、〔改革派の〕共在説（聖餐におけるパンとぶどう酒の実体が、キリストの体と血の実体と一時的に共在するという説）を採用しながらもキリストの現存〔というカトリック教会の教え〕を保持すべく、ルター派のアウクスブルク信仰告白にもとづく聖餐の定式文をカルヴァン派に提案した。ロレーヌ枢機卿は、中道的な教義のもとに全員を和解させようとするのではなく、改革派があまり極端な立場を取らないように働きかけていた。テオドール・ド・ベーズは、聖体の中にキリストが現存するという考えを否定し、「いと高き天は地上から遠く離れているのだから、キリストの体はパンとぶどう酒から遠く離れている」(2)と答えたとされている。この頑固な態度にカトリーヌ・ド・メディシスは深く落胆した。新旧両派を結びつけることのできる聖餐の定式文を作成しようという試みがなされたが、聖職者集会はこれを拒否した。

四　世俗的寛容という窮策

ポワシー会談は宗教的和合の失敗を示すものであった。しかも、この会談は、牧師たちが廷臣の前で発言できるようにすることで、プロテスタントに公的性質をほぼ正式なかたちで付与したのである。こうした状況のもとで、とりわけトロワやリヨンなどの一部の改革派集団が、あえて公の場に集まって礼拝をおこなったのである。

聖体問題をめぐる議論が混乱と不和しかもたらさないことを知った王母〔カトリーヌ・ド・メディシス〕は、もはや二つの宗派を共通の教義でまとめようとするのではなく、暴力を用いずに両派を共存させることにとどめようとした。こうした状況のもとで最初の寛容令〔サン＝ジェルマン王令〕が作成された。この王令の目的は、各宗派の平等を認めることではなく、都市の治安を守るための一時しのぎとして——宗教分裂を終結させると思われていた教会全体会議（トリエント公会議）が再開されるまでの間——「新教」の活動を容認することにあった。だからこそ歴史家はこれを世俗的寛容《トレランス・シヴィル》とよぶのである。

一五六二年一月十七日に調印されたサン＝ジェルマン王令は、しばしば一月王令ともよばれる。

この王令は、プロテスタントに集会を開く権利を与えたが、暴動を恐れていたため、日中に都市外で開くことだけを認めていた。私邸における祈禱の自由は完全に認められていた。両派とも、武器を持って集まらないこと、たがいに侮辱や挑発をしないこと、中傷誹謗の文書を公表しないことを誓約しなければならなかった。さらにプロテスタントは、占拠した教会を返還し、十字架や「偶像」の破壊を中止しなければならなかった。

ある意味において、フランス王政は、スペイン王やドイツ諸侯やイングランド女王とは異なり、特定の宗派を選ばないことにしたのである。王政は宗教的な議論を放棄し、その活動を世俗的な領域に限定したのである。国王は平和を守ることを欲しつつも、神のご意志に従って全臣民を一つに結びつけようという願望も表明していた。国王はそれまで、異端者の根絶をあきらめていたが、反逆者の処罰はあきらめていなかった。一月王令は改革派に解放感をもたらし、改革派の信徒たちは多くのカトリック教会を占有して〔プロテスタントの〕教会堂に改築した。とはいえ、この〔一月王令の〕法文はまだパリ高等法院に登録されていなかった。しかし、脅威にさらされて一五六二年三月六日にようやく登録された。

五　女性による統治——カトリーヌ・ド・メディシス

たしかに一月王令は、王母を駆り立てていた政治的・宗教的統一という理念にふさわしくないものであった。一五三三年からフランソワ一世の宮廷で育てられたフィレンツェ出身の王妃カトリーヌ・ド・メディシス（一五一九〜一五八九）は、この騎士王〔フランソワ一世のあだ名〕をモデルとしていた。というのも、フランソワ一世は、王国の貴族たちに英雄のモデルを示しつつも、福音主義思想の擁護者たちと折り合いをつけることができたからである。アンリ二世の不慮の死に深く悲しんだカトリーヌは、改革派に対して宥和政策をとるという考えに賛同し、ギーズ家の重圧に対抗するためにブルボン家の諸侯に接近した。一五六一年三月、カトリーヌはコンデ公に特赦を与え、アントワーヌ・ド・ブルボンに王国総司令官の地位を認めたが、アントワーヌは摂政権を要求しないことに同意していた。摂政は一五六三年八月までしか続かなかったが、カトリーヌ・ド・メディシスはシャルル九世が亡くなるまで統治を続けた。

王母カトリーヌは、息子の権威がいたるところで尊重され、平和が保たれることを望んでいた。彼女は神学論争にほとんど関心をもたず、せいぜい福音主義的な思想にもとづいたフランス教会独自の方針を考えつく程度であった。ポワシー会談の失敗はカトリーヌを失望させた。プロテスタントの牧師による介入が「統一どころか不和や対立を引き起こし、争いが争いを生むという混乱[3]」をもたらしただけで、対話は頓挫した、と彼女は腹立ちまぎれに述べている。

教義の折衷をめぐる合意は不可能であったため、世俗的領域を宗教的領域から切り離す必要があった。神のご意志の賜物である和合が実現されるまでは、王室当局が公共の秩序を守らなければならない、というのがカトリーヌの信条だった。とりわけ、非常に頑強な人々の態度に心を痛めていた彼女は、一五六一年十一月、駐スペイン大使にその旨を伝えた。「[…]そして、全員が好条件のもとで交渉を進めれば、些細なことがきっかけとなって両派とも和解するでしょう。われわれはそのことを父なる神に期待しつつ、さしあたりできるかぎりのことをしなければなりません[4]」。カトリーヌは、一月王令の準備に大いに尽力したが、治安を乱す人々に対しては、きわめて毅然とした態度で対処していた。一五六二年六月、彼女はブルゴーニュ地方総督のタヴァンヌに対して、「悪疫をまき散らした害虫のごとき説教師や牧師たち」をブルゴーニュ地方から「一掃する」ように命じた[5]。

第一次内戦の間、カトリーヌは和解を促すべく、一五六二年六月にコンデ公と会談したが失敗に終わり、一五六三年三月にようやく和平交渉に成功した。注目すべきことに、彼女のはじめての裏取引は女性同士の交渉であった。というのも、王母はまずコンデ公夫人のエレオノール・ド・ロワイエを交渉相手とし、内戦を通じて連絡をとっていたからである。カトリーヌにとって、女性は仲介者としての調停能力をもち、男性たちの慢心によって引き起こされた火種を消し止めることのできる存在であった。一五六三年四月、潰走した軍隊がいまだ国を荒らし、アンボワーズで調印された和解王令がカトリック諸侯にとってほとんど無益なものと思われていたときに、カトリーヌは信頼していたアンジュー地方隊長アルトゥス・ド・コセに対して、次のような手紙を書いている。「女性による統治はしばしば非難されてきましたが、正直申し上げますと、国王になろうとするのは男性ですから、むしろ男性による統治が非難され批判されるべきなのです。これからは、私が阻止されることのないかぎり、王国を現在のような状態にした〔男性の〕人々よりも、女性たちのほうに王国を守る熱意があることを知ってもらいたいのです(6)」。

一五六七年から一五六八年にかけて、ユグノーたちがふたたび武器を手にすると、彼女はためらうことなく寛容政策を撤回した。「信仰篤き王妃《フランセス・クレティエンヌ》」の称号を名乗るカトリーヌは、神の名誉のための戦いにおいて彼女を弱腰だと非難する者は嘘つきである、とローマ教皇〔ピウス五世〕に断言した。こうした発言によって交渉の再開が妨げられることはなかった。一五七〇年、カトリーヌは和平回復に成功した。さらに彼女は、娘のマルグリットを若きナヴァル王アンリと結婚させることで両派の和解に努めたが、聖バルテルミーの虐殺が彼女の努力を無下にした。

カトリーヌ・ド・メディシスの役割はアンリ三世の時代に変わった。彼女は相変わらず宮廷で強大な権力を行使していたが、政務の最高責任者ではなかった。彼女は危機の時期における仲介役として活躍し、一五七八年から一五七九年には改革派と交渉するために南フランスに行き、一五八五年にはギーズ家と討議するためにシャンパーニュ地方に赴いた。

カトリーヌは、外部の傍観者が言うような偽善的な政策や無節操な政策をとっていなかった。彼女はつねに時局の流れに適応しようとしていた。その点で、彼女は混乱に対処する能力、すなわち君主的力量（virtù）を発揮し、マキャヴェッリ〔一四六九～一五二七、イタリアの政治思想家〕の信奉者であることを示していたのである。人々を安心させるために会話や手紙（彼女は一五五九年から一五八八年までの間に、少なくとも六千通もの手紙に署名している）をつねに用いていたのと同じように、隠し事も彼女の得意とするところであった。

一五六四年から王国が平和状態になると、カトリーヌはパリ西部の巨大なテュイルリー宮殿の建築をフィリベール・ドロルムに命じ、広大な庭園が設計された。都市の外に建てられたこの宮殿の配置は、フィレンツェのピッティ宮殿を思わせるものであった。カトリーヌはそこに滞在することなく、結局のところ、サン＝トゥスタッシュ教会の近くにジャン・ビュランが建てた慎ましやかな邸宅のほうを好んだ。この邸宅の中で、彼女は数々のコレクション、とりわけフランソワ・クルーエ〔一五二〇以前～一五七二、フランスの画家〕とその模倣者たちが描いた肖像画を集めた。彼女はさまざまな大貴族や貴婦人と知り合い、彼らの姿を観察してその長所を吸収することが必要だと考えていたのである。

王母は占星術的な知識にも強い関心を示していた。彼女は一五五五年、『予言集』を出版したばかりのノストラダムス〔一五〇三～一五六六、フランスの詩人〕を宮廷に招き、一五六四年には廷臣たちと通ったプロヴァンス地方で彼と再会したことが知られている。この占星術師は果てしない災厄、混乱、暴動、陰謀や残虐行為を予言したが、彼の予言をカトリーヌがどう思っていたかは定かではない。彼女の感性は福音主義的内省に達するものではなかったとしても、王国と息子たちの未来を深く憂慮していたことは確かである。

カトリーヌは瞬く間に神話的人物となった。プロテスタントの人々は彼女が聖バルテルミーの虐殺をたくらんだとして非難した。彼らにとっては、カトリーヌが放蕩者であり、自分たちを抹殺しようとする残酷なイタリア女のように思われた。しかし、カトリックの人々のほうが彼女に好意的だったわけではない。そのため彼女は、急進的な貴族たちを滅ぼし合うように仕向け、何としても統治しようとする邪悪な女だという世評を受けた。人々は異国人〔であるカトリーヌ〕のせいにすることで、当時の騒乱の責任をフランスの諸侯から回避させようとし、戦争をたんなる権力闘争にすり替えることで、いっさいの宗教的原因を否定しようとしたのである。

訳注

(1) Michel de L'Hospital, *Discours d'ouverture aux États généraux d'Orléans (13 déc. 1560)*, dans *Discours pour la majorité de Charles IX et trois autres discours*, éd. Robert Descimon, Paris, Imprimerie Nationale Éditions, 1993, p. 86-87.

(2) Théodore de Bèze, *Histoire ecclésiastique des églises réformées au royaume de France (1580)*, éd. par Th. Marzial, Lille, Lelieux, 1841-1842, tome I, p. 329.

(3) *Lettres de Catherine de Médicis*, publiées par Hector de La Ferrière, Paris, Imprimerie nationale, 1880-1943, tome I, lettre du 23 octobre 1561 (à Monsieur l'évêque de Rennes), p. 239.

(4) *Ibid.*, tome I, lettre du 28 novembre 1561 (à Monsieur de Limoges), p. 611.

(5) *Ibid.*, tome I, lettre du 4 juin 1562 (à Monsieur de Tavannes), p. 327.

(6) *Ibid.*, tome II, lettre du 19 avril 1563 (à Monsieur de Gonnor), p. 17.

第三章　戦争と平和

一　武装蜂起の理由

一五六二年三月一日、シャンパーニュ地方のヴァシーで、日曜礼拝をおこなうために穀物倉に集まっていた改革派集団を、ギーズ公の従者たちが惨殺した。死者は少なくとも五十人程度、負傷者はその二倍の数に及んだ。この予期せぬ衝突は、諸々の宗派が極度の緊張状態にあったことを示していた。ギーズ公はしばらく迷った後、この事件の反響を利用して討伐政策の起点とすることに決めた。三月十六日、彼は二人のカトリック派大貴族、モンモランシー大元帥とサン＝タンドレ元帥とともにパリに凱旋し、真の英雄として市に迎え入れられた。こうした熱狂的な雰囲気に後押しされるかたちで、ギーズ公は三月末、モンモランシーとサン＝タンドレとともにフォンテーヌブローに赴き、国王と王母をパリに連行した。それは事実上の誘拐であった。

ヴァシーでの虐殺者に対する処罰をむなしく要求していたプロテスタントの人々は、総攻撃を恐れて蜂起した。コンデ公は、三月二十三日にパリを離れた後、改革派教会に対して戦争の準備をするように手紙で伝えた。彼は信徒たちを集めたが、その大部分は北フランスの貴族であった。四月二日および三日、トゥールとオルレアンがユグノーたちの手中に落ちた。パリに次ぐ王国の二大都市、ルーアンとリヨンがまもなく占領され、同じくカーン、ル・アーヴル、ブロワ、ブールジュ、ヴァランス、グルノーブル、ベジエ、モンペリエ、モントーバン、ニームも占領された。フランス国内の六十近くに及ぶ主要都市の三分の一が、プロテスタントの支配下にあった。

コンデ公はオルレアンを拠点にした。そこでは武装蜂起を擁護する文書がいくつも出版された。これらはテオドール・ド・ベーズやジャック・スピファムといった牧師たち、さらにはフランソワ・オトマンによって書かれた短い作品であり、かなり広く出回った。これらの作品は、法律すなわち一月王令の擁護と、ギーズ家とその仲間によって不本意ながら拘束されている王と王母の自由を訴えていた。過激派の横暴から公益を守らねばならないという必要性が、ライトモチーフのように響いていた。コンデ公はブルボン家の王子として、政権に介入する権利を当然もっていると考えていたのである。

戦争の成果は教会の〔人的・経済的な〕動員に左右されていた。プロテスタントは、人材面および金銭面での援助を提供しなければならなかった。彼らは分担金を出したり借金をしたり、征服した地域の住民に税金を課したり、王国の税収入を奪ったりしたが、大規模な軍隊を動員するための財力に欠けていた。一方、兵役を志願する貴族は多かった。たとえば一五六二年八月中旬、コンデ公は騎兵三千人と歩兵六千人を擁していた。

都市の占領は大きなトラウマとなった。それがとりわけ顕著なのはリヨン市であった。一五六二年四月二十九日から三十日の夜、リヨン市はプロテスタントの手に落ち、市民は一年間ユグノーたちの支配下で生活することになった。レ・ザドレ男爵〔フランソワ・ド・ボーモン〕が都市を支配し、教会の財宝を略奪した。イタリア戦争の経験者である男爵は、三千人の小さな軍隊を率いて、リヨネ地方とドーフィネ地方で恐怖政治をおこなった。彼はフォレ地方のモンブリゾンを攻め落とし、そこで守備隊を処刑させ、兵士たちは塔から投げ落とされた。これらの行動は、とりわけ不寛容な宗教的介入のしるしと見るべきなのか、それとも、たんに当時の戦争において一般的だった暴力行為の行使と見るべきなのか。とりわけ注目すべきことに、レ・ザドレ男爵の態度がコンデ公を憤慨させ、コンデ公は男爵を更迭してスービーズ領主〔ジャン・ド・パルトネー〕を後任にした。さらにレ・ザドレ男爵は一五六三年一月、王室陣営を支持しはじめたという理由で投獄された。忠誠心はときに移ろいやすいものであり、レ・ザドレ男爵は和議〔一五六四年のアンボワーズ王令〕が結ばれると、ついにローマ教会に復帰した。

コンデ公はみずからの戦いを正当なものに見せようとしていた。そのため、改革派の軍隊は模範的な選良たちの集団のように行動しなければならなかった。たとえばテオドール・ド・ベーズが出版した『コンデ親王軍の兵士たちのための祈禱文』では、ユグノー軍が「偉大なる軍隊の神」に奉仕する戦士の一団であり、従順で慎み深く、冒瀆も略奪もせず、国王と王母と祖国を守るべく「軍隊という使命に対して信心深く」専念する人々とされている[1]。

もっとも激しい対立が起こったのは南フランスである。トゥールーズでは、一五六二年五月十一日から十二日にかけての夜に、プロテスタントが蜂起したが、四日間にわたる戦闘の後、都市はカトリックの支配下に置かれたままとなった。なんとか逃げ切った人々は地方で虐殺されたのであり、高等法院による弾圧は恐ろしかった。市参事会員や市行政官をはじめとする数々の名士たちが処刑された。ギュイエンヌ地方では、ブレーズ・ド・モンリュック将軍〔一五〇〇頃～一五七七〕が、王室当局を代表するもっとも精力的な人物として頭角を現した。彼は裁判ぬきで多くの処刑をおこない、「百人の死者よりも一人の絞首罪人のほうが驚きに値するのだった[2]」と正当化していた。モンリュックは異端者ではなく反逆者を断罪しているのだと主張していた。「というのも、私は彼らの心を読む神ではないからだ[3]」、と彼は『回想録』に記している。

内乱の勃発時によくあるように、戦争はきわめて激しく、モンリュックは「当時は捕虜に関する話し合いなどなかった(4)」と記している。彼は十月九日にヴェールで、ガスコーニュ人とスペイン召集兵の協力により、デュラス領主が指揮する八千人の兵士を潰走させた。これにより、南フランスの援軍がコンデ公の軍隊に合流するのを妨げたのである。戦場では二千人もの犠牲者が生じ、逃亡兵の多くは農民たちに殺された。この敗北は改革派陣営を大いに弱体化させた。モンリュックは報酬としてギュイエンヌ地方総督に任ぜられ、一五七四年にはフランス元帥の称号を得た。

二　暴力――信仰の表現？

聖バルテルミーの虐殺の時期を除けば、虐殺の数からして、一五六二年が宗教戦争のうちでもっとも暴力的な年であったことは確かである。略奪は、手に負えない群衆ではなく、民兵や武装集団によっておこなわれた。他の時代も同じことだが、十六世紀には、無軌道な人々によって集団犯罪がおこなわれることはなかった。しかも、フランス人の大半はそうした犯罪にまったく関与しておらず、彼らのほとんどは目にした光景に恐怖を覚えたという。

暴力は力関係や特定の抗争、数の影響によって生じたが、これらは状況に応じて地方ごとに異なっていた。平穏な時期においても社会は暴力的であり、名誉がかかわるとすぐさま暴力沙汰に発展した。貴族はつねに剣を携帯し、ためらいもなく刀を抜いた。鋭利な道具の扱いに慣れた職人は、その技術の使い方を知っていた。それゆえに、肉屋はしばしば虐殺の中心的な役割を果たしたのである。

暴力行為は主として多数派のしわざであり、彼らは一般的にカトリックであった。ユグノーたちの暴力はほとんど虐殺に発展しなかった。その原因は、まず彼らが数において有利でなかったこと、さらには、救いとの関係がカトリックのそれと異なっていたことに由来する。プロテスタントにとって、永遠の生命は各人に神の恩寵が与えられるかどうかのみにかかっており、彼らは最後の審判に期待を寄せていなかった。ユグノーたちは、しばしば教会や修道院を焼き払い、聖母像や聖人像、十字架や聖遺物など、教皇礼賛者たちの偶像崇拝を象徴するものを標的にして、暴力を選択的に行使していた。偶像破壊は神学的実践の一形態をなしていた。数々の偶像や財宝が教会施設から奪い取られ、集められた金銀は軍事資金に充てられた。ユグノーたちは聖職者たちも攻撃した。聖職者たちは罵言を浴びせられ、しばしば手足を切断された後に処刑された。この暴力には教育的な目的があった。すなわち、司祭たちが、人間と天をとりもつ仲介者を自称しているにもかかわらず、普通の人間にすぎないことを示すためであった。これらの虐殺は、一五六二年にユグノーたちが勢力的だった場所、とりわけケイリュス、モルナス、ロゼルト、サン＝ジル、マコンで発生した。

こうした暴力行為は、リムーザン地方のサン＝ティリエに住んでいた司法官ピエール・ド・ジャリージュの日記が証言しているように、カトリックに大きな衝撃を与えた。「一五六二年の四月、改革派教会と称される新教の連中が反乱を起こし、リヨン、オルレアン、トゥールやその他の都市を占拠した。彼らはローマ教会の人々を都市から追放し、教会の全財宝を奪い、聖像や祭壇を破壊し、抵抗する人々を殺し、その他数えきれないほどの悪行を犯した。神が聖なる摂理によって御手を差し伸べてくださらないから、彼らは今なお多くの悪行を犯しているのだ。こい願わくは、神が彼らの悪行をお防ぎになり、慈しみ深いまなざしをもって、苦難の状態にある哀れな民を見守りたまわんことを(5)」。

カトリックの場合、救いは根本的に教会の問題、すなわち集団的な問題であると多くの人々が考えていた。各人の救いは万人の安泰にかかっており、言いかえれば、分割不能なる〔キリストの〕神秘体としての教会の保護にかかっていた。宗教戦争のうちでも、聖バルテルミーの虐殺以前にカトリックによる虐殺が最も多かったのは、一五六二年であった（少なくとも十一件）。主な虐殺は、ユグノーの反乱が起きなかったはずのサンス、それから占拠後のオランジュとトゥールでおこなわれた。犠牲者は裸にされ（だがこれは戦争ではよくあることだった）、遺体はしばしば切り刻まれてから川に投げ込まれた。これらの行為は、異端者たちが非人間的な性質をもっており、彼らの悪魔的な本性を暴かなければならない、ということを表わしていた。ユグノーたちの悪辣な存在を教会から追放することで神の怒りを防ぎ、あらかじめ彼らに地獄の罰を加えることで黙示録的預言を成就させていたのである。

戦争の掟に反して、攻め落とされた都市はしばしば破壊された。それはたとえば十月二十六日、王軍がルーアンを占領したときであった。王国総司令官のアントワーヌ・ド・ブルボンは軍事行動の際に致命傷を負った。スイス兵六千人、スペイン兵二千五百人、ドイツ歩兵三千人を含む一万六千人の歩兵と、二千五百人の騎兵からなる王軍は、これ以降モンモランシー大元帥の指揮下となり、ギーズ公とサン＝タンドレ元帥がこれを補佐した。

王軍はノルマンディー地方に向かおうとしていたコンデ公との会戦に及んだ。この戦いは一五六二年十二月十九日、ドルーの近くで起きた。プロテスタント陣営は、ドイツ歩兵四千人を含む九千人の歩兵しか所有していなかったが、四千五百頭の馬からなる強力な騎兵隊を擁してしており、彼らは精力的に攻撃を仕掛け、大元帥率いる近衛騎兵隊を蹴散らした。王軍のスイス兵はドイツ歩兵を粉砕したものの、ユグノーの騎兵隊に圧倒されて潰走した。最後にはギーズ公が反撃に出ることで、プロテスタント陣営の脆弱な歩兵隊を一掃し、ドイツ騎兵の潰走を招いた。コンデ公が王軍の手に落ちた一方、モンモランシー大元帥は顔を負傷して新教軍に捕らえられた。さらに不運なことに、サン＝タンドレ元帥はプロテスタント陣営の騎兵によってあっけなく暗殺された。殺し合いは五時間も続いたが、大砲——王軍で二十二門、ユグノー軍で五門——は戦闘において何の役にも立たず、戦場では六千人の死体が横たわっていた。負傷者の多くがその日の極寒の夜に死んだ。

　これほどにも激しい衝突は、イタリア戦争の時でもめったに見られなかった。人々に与えた衝撃は計り知れないものであった。ドルーの戦いは、モンテーニュ〔一五三三〜一五九二、フランスの思想家〕が『エセー』の一つの章で個別に論じた唯一の戦争である。興味深いことに、一五八〇年、『エセー』初版の印刷業者でボルドー在住のシモン・ミランジュは、本音を漏らした言い間違いともとれる誤植をしている。というのも、目次において章の題名が「神々《ディユー》の戦いについて」〔正しくは「神々Dieux」ではなくて「ドルー Dreux」〕と記されているからである。

　ギーズ公〔フランソワ・ド・ロレーヌ〕は、それ以降一人で王軍の先頭に立つことになり、オルレアンに向かった。ギーズ公は町を包囲したが、一五六三年二月十八日、王室陣営に加わるふりをしていたユグノーに負傷させられた後に死んだ。ギーズ家の支持者たちは、殺害がコリニー提督の指令によるものだと確信していた。この暗殺事件は大きな衝撃を与えた。フワンソワ・ド・ロレーヌの頑固な態度に賛同を示していなかったモンテーニュさえも、彼を当時最大の将軍と見なしており、ギーズ公の死に言及している。一五八八年版『エセー』の「徳について」という章に加えられた一節で、モンテーニュは、遠方の馬上からピストルを撃ってギーズ公の殺害に成功したプロテスタント兵、ポルトロ・ド・メレという人物に関心を寄せている。ポルトロ・ド・メレは、犯行の際に恐怖にかられたが、逮捕後には毅然とした態度を見せ、拷問を受ける覚悟ができていることを裁判官に告げたという。この一節に続いて、モンテーニュはアサシン派〔暗殺教団、シーア派の分派イスマイール派〕に関する別の段落を加えている。このイスラム教の一派は、自分たちの死をものともせず、「天国に行くための近道は、自分たちとは反対の宗教を奉ずる人間を殺すことだと思っている[6]」。ポルトロ・ド・メレとアサシン派との結びつきから、次のような疑問が生じる。このプロテスタント兵は卑怯者なのか、英雄なのか。それとも、頭のおかしな人物なのか。はたして彼は本当にキリスト教徒なのか。いずれにせよ、党派や宗派に対する多様な関与のありかたが、モンテーニュを魅了していたのである。

三　ヨーロッパの政治舞台

宗教戦争はヨーロッパにおける大きな問題の一つをなしていた。イタリアでは、ヴェネチアとフィレンツェが、フランス王政に出資するかたちで戦争に参加した。一方、教皇庁は原則として寛容政策に反対しており、一五六二年の春からは、異端者に与えられていた特権の破棄、ミシェル・ド・ロピタルをはじめとする穏健な助言者たちの排除、アヴィニョン公国〔アヴィニョンとヴナスク伯領を含む教皇領〕の保護を条件として、財政援助をおこなうことに同意した。ローマ教皇庁は一五六九年の戦闘に参加すべく、小遠征軍までも動員した。

しかしながら、大いに内政干渉的な政策をとっていたスペイン王国とは異なり、教皇庁はフランスの内乱に補佐的な役割を果たしたにすぎない。第一次宗教戦争の間には、三千人のイタリア兵がアルプス山脈を越え、三千人のスペイン兵がギュイエンヌ地方に派遣された。それに対して、ネーデルラントの王室当局は国境を不安定にすることを恐れて軍隊の派遣を拒んだが、フェリペ二世はカトリーヌ・ド・メディシスに神聖ローマ帝国内の歩兵四千人と騎兵千五百人を雇うための資金を提供した。のちにフェリペ二世は、ブレーズ・ド・モンリュックをはじめとする王国南部のカトリック将軍たちや、やがてギーズ家を援助することになる。フランス駐在のスペイン大使は大きな自由をもち、みずからの権限で決定することができた。代理人たちがフランス国内を行き交っていたので、カトリック王の利権にもっとも役立つ領主たちに資金を流すことができた。

一方、ユグノーたちは軍隊と資金を得るべく、神聖ローマ帝国の君主たちに援助を求めた。この任務を引き受けたのは、コリニー提督の弟フランソワ・ダンドロである。彼は主にヘッセン方伯、ヴュルテンベルク公、プファルツ選帝侯に呼びかけ、ドイツ歩兵四千人とドイツ騎兵三千五百人を召集する資金を得た。彼らは一五六二年十一月にコンデ公の軍隊に合流し、ドルーの戦いで大量殺戮された。それに対して、スイスの各州は財政的支援を求められても参加することを拒んだ。

イングランドも重要な役割を果たした。エリザベス女王は迷った末に、フランスのプロテスタントを支援することに同意した。一五六二年九月二十二日にハンプトンコートで調印した協約により、女王は金銭面（十四万エキュ）と人員面で援助することを約束した。六千人の歩兵が主としてル・アーヴルに、補助的にルーアンとディエップにも配置されることになった。イングランドは一五五八年にカレーを放棄して以来、失っていたヨーロッパ大陸への足がかりを求めていたのである。

カトリックとプロテスタントを集めた軍隊がル・アーヴルを包囲し、一五六三年七月にル・アーヴルが降伏すると、イングランドに対する国民的和解が第一次宗教戦争後におこなわれた。この和平は翌年のトロワ条約によって正式に成立し、イングランドがヨーロッパ大陸の領有権をすべて放棄することが認められた。エリザベス女王は内乱の再開後もプロテスタントを支援したが、一五七二年四月に調印されたブロワ条約によって、両国の防衛同盟が確立され、事態は収束した。両国の王家の距離を縮めるための婚姻交渉もおこなわれ、一五八一年にはエリザベスがカトリーヌ・ド・メディシスの末子〔アランソン公〕フランソワとの結婚を示唆した時期もあった。

四　和平回復の方法

コンデ公とモンモランシー大元帥が捕虜となり、ギーズ公が死ぬと、カトリーヌ・ド・メディシスは、当初は事態の進展に驚いていたものの、交渉に乗り出すことが可能となり、最初の和解王令が発布された。一五六三年三月十九日に調印されたアンボワーズ王令は、新旧両派の共存を保証することで秩序の回復を目指した一連の文書のはじまりであった。この文書は、一月王令よりも寛容なものではなく、交渉が開始された一五六三年三月七日の時点ですでに認められていた場所、すなわちユグノーたちが占拠する都市に礼拝の自由を限定したほか、バイイ管区につき一都市の城外区域、すなわちパリ子爵領およびプレヴォ管区を除いた百近くの場所に臨時礼拝所を加えていた。しかも、自分の権力が貴族たちの誓約に依存していることを知っていたコンデ公の強い要求により、上級裁判領主（死刑にいたるまでの上級裁判権をもつ主な領主）は、みずからの領地で「新教とよばれる宗教」[7]を信奉することが認められていたが、いかなる場合でも臣下たちに強制することはできなかった。他の領主たちは、家庭内で礼拝をおこなうことが認められていた。国王が「よき親族かつ忠実な臣下」[8]と宣言していたコンデ公をはじめとして、内乱の立役者全員に恩赦が与えられた。

一五六三年の和議〔アンボワーズ王令〕は、ほとんど前例のないものであった。というのも、他のヨーロッパ諸国において、臣下はみな君主の宗教に従うものとされていたからである。とりわけ神聖ローマ帝国では、アウクスブルクの和議（一五五五年）による「領主の宗教は領民の宗教」（cujus regio, ejus religio）という原則にもとづき、カトリックとルター派のあいだで分割が認められていた。領主に従わない臣下には、近隣の領地に亡命する権利が認められていた。しかし、とりわけアウクスブルクのような〔カトリックとプロテスタントとの〕混成都市はいくつか存在し、一部の司教領では寛容政策が実際におこなわれていた。同じように、スイス連邦はカッペルの和議（一五三一年）によりカトリック州とプロテスタント州との区分を決定したが、二つの地域〔アッペンツェル州とグラールス州〕ではいくつかの混成地帯が存在した。

　アンボワーズ王令は、新教の拡大を制限し諸侯の支配下に置くものであった。福音の光が王国全体に及ぶという夢は、消えつつあった。ジュネーヴでは、カルヴァンがコンデ公の態度に大きな不満を抱いていた。カルヴァンによると、コンデ公は信徒たちの利益を顧みず、カルヴァンの見解に逆らって和平条約の調印に急いだとのことだった。いずれにせよ、戦争中に多くの改革派集団が消滅していた。テオドール・ド・ベーズの推計によると、フランスではもう五百ほどの改革派教会しか残っていなかった。プロテスタンティズムの拡大はパリでは決定的に阻止されていたが、カーンやアミアンなどいくつかの都市では、改革派教会がまだ何年か拡大し続けていた。

　和平の実現には困難がともなった。法令の規定に従って武器を捨て、略奪した家具や家屋や教会を修復しなければならなかった。この作業を遂行すべく、王室当局によって派遣監督官が任命された。彼らは主としてパリ高等法院評定官であり、経験豊かな壮年の男性たちが二人一組で各地方を巡回し、武装解除の監視、苦情の受付、礼拝所の指定をおこなっていた。ギーズ家の拠点であったシャンパーニュ地方は、こうした訪問を免除されていた。

　和平の履行を拒んだ王国官吏は何人もいた。たとえばブルゴーニュ地方では、タヴァンヌ総督、ディジョン高等法院、地方三部会が「一人の国王、一つの信仰、一つの法」という原則に根強く固執していたために、宗教分裂を受け入れられないと通知した。地方三部会の議員による建言が発表された。この文書では、「同じ共和国において二つの宗教が共存することはありえない。とりわけキリスト教君主のもとでは、いかなる宗教であれ臣民の破滅と、そうした宗教を認める君主の破滅なくして共存はありえない[9]」と書かれている。二つの宗教の公的な実践が認められるならば王国は確実に滅亡するだろうと思われていた。一方、タヴァンヌは派遣監督官の仕事を妨害するために全力を尽くし、とりわけ強硬的なカトリックの信徒組織の創設を促した。

戦争中にプロテスタントが支配したいくつかの都市では、プロテスタントとカトリックが同数を占める連合市参事会が設けられた。たとえばカーン、オルレアン、リヨンなどである。それは寛容や共同といった理想の表れではなく、カトリックの市政復帰を認めるための方法であった。こうした共存の形態は次第になくなり、一五六四年から一五六七年にかけて、ユグノーたちは市政から排除されることになった。小都市であるニヨンだけが同数代表による市参事会を一五六八年まで維持した。

アンボワーズ王令の規定は適用が難しく、規定の削除が徐々に試みられたほどである。たとえば一五六三年六月十九日、改革派の礼拝がパリのみならず、国王のあらゆる居住地において禁止された。また、ユグノーたちはカトリックの祝祭日を守り、店を閉めなければならなかった。一五六四年八月四日のルシヨン王令では、牧師が学校を開くことや、プロテスタントの領主が自分の領地で礼拝する際に家臣ではない人物を招くことが禁じられた。

五 統一の再形成

平和を確固たるものとすべく、一五六三年八月十七日、ルーアン高等法院の親裁座（国王臨席の会議）において、シャルル九世の成人が宣言された。しかし、国王はわずか十三歳にすぎなかった。大法官ミシェル・ド・ロピタルは、この儀式を第二の即位式のようなものにすることで、慣習からの逸脱を正当化した。彼は不従順な者たちに「正義の目にはすべてが見え、国王にはすべてが見え、時はすべてを暴く[10]」と警告していた。

フランス王政は戦争のせいで多額の借金（少なくとも六百万リーヴル）を抱えていたが、カトリーヌ・ド・メディシスは、若きシャルル九世と臣民との直接的関係を取り戻すために、子供たちとともに大規模なフランス巡幸を実施することに決めた。ブルゴーニュ地方、ローヌ川流域、ラングドック地方、ギュイエンヌ地方、ポワトゥー地方、ロワール川流域などの緊迫した地帯が優先された。宮廷は一五六四年一月にパリを発ち、一五六六年五月まで戻ることはなかった。この旅は、聖体祭がキリストの体を崇める行列行進であるのと同じように、いわば国王の体を崇める行列行進のかたちをとっていた。君主の顕現は、新旧両派の臣民を集め、国家統一の具現者を崇めるという点で結束することを可能にしてくれた。それはまた、臣民の陳情を直接的に受け入れ、ディジョン、エクス、トゥールーズ、ボルドーで総督や高等法院判事と面会するための手段でもあった。

このフランス大巡幸の際には、百ほどの盛大な入市式がおこなわれた。伝統にしたがってさまざまな市が祝宴を企画し、街路や城門を飾ることで、王政への忠誠を示していた。人々に感銘を与え、君主の登場を壮麗なものに演出しなければならなかった。とりわけリヨンの入市式は技巧を凝らしたものだった。シャルル九世は、口から炎を吐く翼をつけた竜を船尾にかたどった船に乗り、マコンからソーヌ川を下って一五六四年六月九日、リヨンの上流にあるバルブ島に接岸した。それから三日間、入市式の準備ができるまで待った。六月十三日、ついに式典が催された。外国人、王国官吏、市参事会員、名士たちの表敬を受けた後、国王は廷臣たちと市内へ進んだ。あらゆる王がガリアの中心地に侵入する際にくぐっていたピエール・シーズ門は、凱旋門の背後に隠されていた。凱旋門の上には、ガリアの創始者たち――すなわちフランクス（ヘクトールの息子）、ガラテス（ヘラクレスの息子）、レムス、ベルギウス――が、正義と敬虔を象徴する二人のニンフとともに出現し、国王のモットーである「敬神と正義によって」(Pietate et Iustitia) を暗示していた。さらに進んだ国王一行は、パルナッソス山を舞台とした劇に感嘆した。山の頂上にはアポロン〔ギリシア神話の太陽神〕が立っていた。この神は黄金時代の再来を告げる長い詩を朗読した。それから九人のムーサたちが登場し、音楽に合わせて祝辞を述べた。それに続き、ウェルギリウスの伝説〔『牧歌』第四歌〕によって黄金時代の化身とされている女神アストライアが、若き王を礼賛した。内容は明快であり、それは不幸の時代が終わり、シャルル九世がこの上なき君主として王国を平定し統治するというものだった。行進は大聖堂で終了した。都市の栄光を広めるべく、ただちに小冊子が出版された。この種の催し物が、各都市の財力や名士たちの教養に合わせて多少のアレンジを加えつつも、このフランス巡幸を通じてくり返された。これらは完全なる権力を示すものであり、ルイ・マラン〔フランスの哲学者・歴史家(一九三一〜一九九二)、『王の肖像』の著者〕の有名な表現を借りるならば、国王はただ表象《イマージュ》によってのみ完全に国王となるのだった。

この旅は国際的議論の場でもあった。一五六五年の六月半ばから七月初めにかけて、フランスとスペインとの会談がバイヨンヌでおこなわれた。カトリーヌ・ド・メディシスは、六年前にスペイン王フェリペ二世と結婚していた娘エリザベートに再会することができた。カトリック王〔フェリペ二世〕は出席していなかったが、彼の軍事司令官であるアルバ公が出向いていた。アルバ公はカトリーヌに対して異端者を厳しく取り締まるように催促した。おそらくカトリーヌは、いずれアンボワーズ王令を撤回することをほのめかし、彼に約束したのかもしれない。彼女はとりわけ、内乱の時期が決定的に過ぎ去り、フランスはふたたび国王のもとに団結し、その力と富を取り戻したことを示そうとしていた。華々しい数々の祝宴が、この〔フランス大巡幸という〕出来事を格別なものにしていた。

人々の関心はマルタ島にも向けられていた。この島は、地中海西部の要衝としてホスピタル騎士団によって統治されており、オスマン帝国が征服を試みていた。それにもかかわらず、フランス宮廷はトルコ大使を迎え、（一五四三年から一五四四年にかけてと同じように）スレイマン〔一世〕のオスマン艦隊のプロヴァンス寄港を要請したため、スペインを憤慨させることになった。それから四年後、フランスとスルタンの間で最初の公式的な通商条約《カピチュレーション》が締結され、マルセイユの港が有利となったことで、交易がまさに活況を呈した。

プロテスタントがバイヨンヌの会談に強い不快感を抱いたため、ドイツの王族たちを安心させる必要があった。和解王令を損なうような決定は、ひとつもなされていなかった。それにもかかわらず、アグリッパ・ドービニェ〔一五五二〜一六三〇、フランスの詩人・歴史家・軍人〕は『世界史』（一六一六年）において、「ほとんどすべての歴史家たちは、まるで示し合わせたかのように、ネーデルラントの戦争〔オランダ独立戦争〕とそれに続く虐殺がそこで画策されたものであると主張した[11]」と記すことになる。

訳注

（1）« Prières ordinaires des Soldatz de l'Armée conduite par Monsieur le Prince de Condé », dans *Mémoires de Condé, servant d'éclaircissement et de preuves à l'histoire de M. De Thou*, Paris, Rollin fils, tome III, 1743, p. 263.

（2）Blaise de Monluc, *Commentaires, 1521-1576*, éd. par Paul Courteault, Paris, Gallimard, coll. « Bibliothèque de la Pléiade », 1964, p. 529.

（3）*Ibid.*, p. 578.

（4）*Ibid.*, p. 519.

（5）*Journal historique de Pierre de Jarrige, viguier de la ville de Saint-Yrieix (1560-1574)*, Angoulême, Goumard, 1868, p.5.

（6）*Les Essais de Michel de Montaigne*, éd. Pierre Villey et Verdun-Louis Saulnier, Paris, P.U.F., 1965, p.711 (Livre II, chapitre 29).

（7）Fontanon, *Edicts et ordonnances*, tome IV, p. 272 ; Isambert, *Recueil général*, tome XIV, p. 136.

（8）Fontanon, tome IV, p. 273 ; Isambert, tome XIV, p. 138.

（9）« Remonstrances faites au Roy de France, par les Députez des Trois Estats du Païs & Duché de Bourgongne, sur l'Edit de la Pacification », dans *Mémoires de Condé, servant d'éclaircissement et de preuves à l'histoire de M. De Thou*, Paris, Rollin fils, tome IV, 1743, p. 400.

(10) Michel de L'Hospital, *Discours pour la majorité de Charles IX*, éd. de Robert Descimon, Paris, Imprimerie nationale, 1993, p. 110.

(11) Agrippa d'Aubigné, *Histoire universelle*, tome II, éd. par André Thierry, Genève, Droz, 1982, p. 230 (Livre Quatriesme, Chapitre V, 1565).

第四章　恐怖の席巻

一　一つの転換期――モーの奇襲

平和の確立が殺戮や破壊を忘れさせることはなかった。恩赦は忘却を意味するものではなかった。プロテスタントが教会に行ったり、聖体祭に自宅を飾り立てるのを拒否したりすると、頻繁に暴力事件が起こった。ユグノーたちはアンボワーズ王令に制限が加えられたことにも不満を抱いていた。

一五六六年八月、ネーデルラントでは貴族による不満の表明を受けて宗教内乱が広がり、パニックの嵐となった。フェリペ二世は、アルバ公率いる一万人の軍隊を派遣し、治安を回復させようとした。弾圧はとりわけ残虐なものであった。スペインはネーデルラントがフランスと同じ運命をたどることを、何としても避けたかったのである。すでに一五二三年から一五六六年までの間に約千三百人の死者が出ていたのに、騒擾評議会（一五六七年に開設された特別法廷）は千百人以上を処刑にした。フランスから見れば、スペインの軍事動員は恐ろしい脅威のように感じられた。シャルル九世は国境警備のために、六千人のスイス傭兵をふたたび雇ったが、これによりプロテスタントの不安を煽ることになった。ナヴァル女王ジャンヌ・ダルブレは心配して宮廷を去った。

こうした状況のもとで、ユグノーの大領主たちは一五六七年の夏の間、コリニー提督とコンデ公の所領地であるシャティヨン＝シュル＝ロワンとヴァレリに集まった。彼らは、自分たちの逮捕や暗殺までもが計画され、パリやオルレアンやポワチエに兵士が送り込まれる予定である、と考えた。彼らは王軍の作戦が開始される前に武器を取ることにした。蜂起は聖ミカエル《サン＝ミシェル》の祭日〔九月二十九日〕に起こるはずであった。いくつかの都市（リヨン、トゥールーズ、トロワ）を奇襲し、軍隊を動員してスイス傭兵を殺戮し、宮廷の二枚舌政策の張本人とされるロレーヌ枢機卿を捕まえるつもりだった。さらに、王国を複数の軍管区に分けて主要な領主たちに与えることも予定されていた。ユグノー運動は教会から独立した貴族たちによる真の分派となりつつあった。

反徒たちがロゼー＝アン＝ブリーに集結したとき、王と廷臣たちはモンソー近辺の城に滞在していた。カトリーヌ・ド・メディシスと子供は、武装した人々が付近で目撃されたことを知ると、一五六七年九月二十六日にモーに避難し、シャトー＝ティエリから強行軍で到着したスイス槍兵に守られながら、大急ぎで二十八日にパリに戻った。コンデ公と五百人の騎兵たちは隊列を追ったが、攻撃しようとはしなかった。

戦争が再開されることへの危惧から、中央高地の南部、ソーヌ川およびローヌ川の流域、フランス南西部、さらにはノルマンディー地方など、カトリックとプロテスタントが共存する地域において、多くの友好協定が締結された。この種の文書は三十件ほど知られている。これらはとりわけ中規模の都市で、誰もが顔見知りの状態にあった。こうして一五六七年秋の間、ヴィエンヌ、モンテリマール、オランジュ、カステルジャルー、マコン、カーン、アノネーで協定が結ばれた。一年後の一五六八年八月および九月、戦争の脅威がふたたび迫ったときに、第二派の協定が結ばれ（ナン、サン＝ローラン＝デ＝ザルブル、ニヨン、クリュニー）、一五七二年八月および九月、聖バルテルミーの虐殺のときに、第三波の協定が結ばれた（ニーム、ニヨン、シャロン＝シュル＝ソーヌ、カルテルジャルー、ミヨー、コンペール、サン＝タフリク、バール＝デ＝セヴェンヌ）。一五七七年春の第六次宗教戦争の間にも、いくつかの協定が結ばれた（モン＝ド＝マルサン、レクトゥール、ドンゼール）。

住民たちは、外国から来た内乱の扇動者に対抗して団結し、自分たちは宗教的な違いにもかかわらず同じ市民であり友人であると主張していた。宗教的帰属よりも善隣友好策のほうが重視されていた。だからこそ、都市に関係のない外国人に対する恐怖が広まったのである。何よりも和平が優先されていたが、警戒心が強かったため、和平宣誓書に署名することで誓約を正式なものにする必要があった。キリスト教会や王立国家からも独立した、まさに政治的な領域が形成されつつあったのである。

モーの奇襲は全国的規模をもった陰謀の出発点であった。一五六七年九月二十八日、ラ・ヌーはオルレアンを占領し、ドーフィネ地方とラングドック地方でも同時に武装蜂起がおこなわれた。ニームでは九月三十日、官吏や法曹関係者に導かれたユグノーたちが反乱を起こした。彼らは教会会議の決定に反して、多くの司祭を含む百人ほどのカトリックの名士たちを殺害した。市外でも数十名の兵士たちが殺された。この恐ろしい「ミシュラード」(聖ミカエルの祭日の虐殺)は、宗派によって分裂した都市が緊張状態にあったこと、さらには、ニームの市参事会がカトリックに占領されていたために、プロテスタントの名士たちが不満を抱いていたことを物語っていた。その後の数週間にわたり、モンテリマールとラ・ロシェルでもユグノーによる暴力事件が発生した。

二　差し迫る敵

不意を突かれたカトリーヌ・ド・メディシスは、シャルル九世が和平政策に立ち戻るつもりはないことを地方総督に伝えた。しかし、こうした発言は彼女の憤りを隠してはいなかった。カトリーヌは（ユグノーとは特定せずに）、反抗的な臣民が息子に対して「悪意ある行為」をおこなっただけでなく「れっきとした反逆罪」までも犯した、とスペイン王に書き送った。和解を試みるべく、大法官ミシェル・ド・ロピタルがプロテスタント側の首領のもとに派遣された。一五六七年十月三日にサン＝ドニで開かれたこの会談の際に、大法官はコンデ公とコリニー提督に対して、和平を破ったことを非難しつつも、恩赦を与えることを提案した。プロテスタントは自衛のため、また和解王令に対する制約が大きくなったために、武器を取らざるをえなくなったと主張した。それから一週間後、モンモランシー大元帥がみずから反徒のもとに赴き、合意を取りつけようとした。ユグノーの領主たちは、王国における完全な礼拝の自由と全国三部会の開催を求めたが、それは王室当局にとって受け入れがたいことであった。

宮廷では、ユグノーが国王を捕らえて王母を殺そうとしているのは確実だと言われていた。交渉が失敗したことから、カトリーヌ・ド・メディシスは武力行使という選択に同意し、反徒たちを容赦しないよう総督たちに命じた文書を息子に署名させた。「ユグノーたちを切りつけ、一人残らず殺しなさい。死者が多ければ多いほど、敵は少なくなるのですから(1)」。

コンデ公の軍隊はパリ周辺を荒らし、とりわけ衝撃的なことに、小麦粉の供給に欠かせない製粉所を焼き払った。パリの市民はこれらの破壊行為をなすすべもなく見ていた。プロテスタントはパリからの退去を命じられた。民兵たちは武器や容疑者を見つけるべく、家々をくまなく調べた。街角では銃声が響いていた。

ユグノー軍は、敬虔侯と称されるプファルツ選帝侯フリードリヒ三世の三男で、カルヴァン派であったヨハン・カジミール率いるドイツ召集兵によって増強された。またしても完全に国際的な紛争であった。コンデ公はパリ北部に野営地を設けた。一五六七年十一月十日、モンモランシー大元帥率いる軍隊は首都を出発した。サン＝ドニの戦いでは、プロテスタント側における歩兵三千五百人と騎兵千五百人（大砲なし）、王室側における歩兵一万六千人（六千人のスイス人を含む）と騎兵三千人（十四門の大砲つき）という、非常に不釣り合いな戦力が衝突した。戦いは短くも熾烈さを極め、約千人の死者（おそらくプロテスタント八百人、カトリック二百人）が出た。

王軍に随行した聖職者エチエンヌ・ヴィテッリは、壮絶な戦いの物語（『フランス内乱記』）を書いた。彼はこの作品の中で、馬や武器の騒々しい音、瀕死の人々のうめく声、騎兵を乗せずに平野をさまよう軍馬、身代金を約束して命拾いしようとする捕虜、負傷者にとどめを刺して金品を略奪しようと血まみれになった兵士などを記している。こうした光景は宗教戦争に限られたものではなく、ルネサンス期の戦争において顕著であった。

アンヌ・ド・モンモランシーが致命傷を負わなければ、王軍の勝利は完全なものとなっていただろう。シャルル九世の弟であるアンジュー公アンリ〔後のアンリ三世〕は、当時十六歳にすぎなかったのに、ただちに王国総司令官の称号とともに軍隊の指揮権を授かった。そのため大領主たちは二度とこの高位を要求することができなくなった。

サン＝ドニの戦いでの成功により、カトリーヌ・ド・メディシスは異端に対する闘争のリーダーとして頭角を現すことになった。彼女は教皇ピウス五世に対して、息子のシャルル九世が神の名誉を守るために万事をつくしたのだ、と断言した。王軍はコンデ公の軍隊を攻め続けており、若き国王は非常に激高している様子だった。国王はスペイン駐在の大使に対して、「たとえ奴らが逃げようとも、余は徹底的に追跡させて恨みを晴らすつもりである。はっきり言っておくが、あの陰謀の主犯格たちは、自分たちの愚劣な企てを悔やんでいない(2)」と書いていた。さらにはカトリーヌ・ド・メディシスも、「あの虫けらどもを、まずわれわれの国から、そしてキリスト教国全体から取り除くための手立てを講じるべきかどうかは、これで判断できるでしょう(3)」と記している。しかしながら、宮廷の領主たちのほとんどは和解に賛成していた。

プロテスタントはシャンパーニュ地方で軍隊を召集し、オルレアンを解放してシャルトルを包囲することに成功した。これにより、立場が優位となったコンデ公は、交渉の準備ができていることを伝えた。一五六八年三月二十三日にロンジュモーで結ばれた和議に続いて、アンボワーズ王令の条項をくり返した王令が発布された。コンデ公は許しを受け、戦争中に犯した侮辱は忘れられることになった。礼拝はパリおよび国王の居住地で禁じられていた。パリ高等法院はこの規定をすぐに登録したものの、適用されることはほとんどなかった。

三　聖戦の精神

不信感がすべてを支配していた。パリでは、王令が登録された翌日、王妃の和平政策を非難した文書が張られ、一五六八年五月三十一日にはサン゠アントワーヌ通りで乱闘が起こり、カトリックとプロテスタントが殺害された。ギュイエンヌ地方、ラングドック地方、ブルゴーニュ地方、さらにはル・マンでも、カトリック団体が異端と戦う意志を表明した。一方、ユグノーたちは戦争中に占拠した場所の返還を拒否していた。一五六八年六月五日、ホールン伯とエグモント伯という二人の大領主が、カトリックでありながらスペイン当局への抗議に参加したことによりブリュッセルで処刑されると、改革派の不安はさらに強まった。一部の人々は、スペイン王やローマ教皇（彼らは

「ローマ司教」とよんでいた)、さらにはロレーヌ枢機卿も関与した国際的な陰謀が企てられている、と考えていた。いずれにせよ、これこそが新たな武力蜂起を正当化するために用いられた言い訳であった。

一五六八年八月二十三日、コンデ公とコリニー提督は、家族や従者たちを連れてブルゴーニュ地方の所領地をひそかに離れ、ラ・ロシェルに避難した。今度は王政が強硬的な態度を示し、和平措置が正式に撤回された。九月二十八日にパリ高等法院で登録されたサン゠モール王令は、プロテスタントの礼拝を禁止し、改革派の聖職者に対して二週間以内に王国を去るよう命じた。一方、信教の自由は回復されず、二十日以内に武器を捨てた反徒には恩赦が約束されていた。これらの条項の前には、この例外的な決定を説明した長い前文が添えられていた。この前文はプロテスタント側の首領たちの忘恩ぶりを強調したものであり、彼らは「この王国の中に別の国家を打ち立て、神によって秩序づけられたわれわれの国家を破壊する」ことを目的としており、「いかなる宗教的熱意もないのに、この王国を支配しようという野心から、不満を表明して分裂を引き起こした」と記されている[4]。国王の仁慈はもはや不可能であった。

一五六八年九月二十九日、フランスの庇護者の一人である聖ミカエルの祭日には、壮大な行列行進がおこなわれ、カトリックとしての王国のアイデンティティが確認された。カトリック教会の統一の象徴である聖体、きわめて貴重な聖遺物（パリの守護聖人である聖ジュヌヴィエーヴ、および聖ディオニシウスの聖遺物箱、ならびにサント＝シャペル〔パリのシテ島にある礼拝堂〕に保管されている聖遺物）、さらには国王のシンボルが一緒に運ばれた。聖体の秘跡はロレーヌ枢機卿によっておこなわれ、モンモランシー大元帥の四人の息子たちが天蓋を支えていた。続いて王国の象徴〔レガリア〕が登場し、正義の手の杖はロングヴィル公が、王笏はアランソン公が、王冠はアンジュー公が運んでいた。国王は二人の弟〔アランソン公とアンジュー公〕の後ろで馬に乗っていた。ノートル＝ダム大聖堂では、ロレーヌ枢機卿によってミサがおこなわれていた。和平失敗の責任とされたミシェル・ド・ロピタルは、隅に追いやられた。十月七日、彼は正式に大法官を辞任した。王政はついにその陣営を選んだのである。仲介者《モワイヤヌール》の時代は幕を閉じようとしていた。

パリ高等法院は模範を示すべく、構成員たちにカトリックの誓いを立てさせ、首都は厳格な治安措置が講じられた。外国人による扇動を恐れていたため、一五六八年十一月十八日付の規則により、領主たちには従者の名簿を提出することが義務づけられた。プロテスタントは自宅に隠れていた。民兵は容疑者たちを追跡し、パリ高等法院の牢獄であるコンシエルジュリに収監する任務を担っていた。とりわけマロの翻訳による詩篇、ミサに反対する論説書、牧師の改訂による聖書といった禁書が探索された。プロテスタントの信仰を広めた教師たちが逮捕され（そのうちの一人、二十二歳の青年は一五六九年五月四日に処刑された）、さらには、ユグノー側に参戦したことが知られている人たちが逮捕された。一五六九年一月、コンデ陣営の資金調達にひそかに加担し、改革派の礼拝を自宅で受け入れていた複数の商人たちが投獄された。そのうちの三人、ニコラ・クロケ、フィリップ・ド・ガスティーヌとその兄弟〔正しくは息子〕リシャールは、半年にわたる禁固の後、パリ高等法院により死刑を宣告された。この決定は、民兵隊長たちが王宮の近くを行進して処刑を要求したため、民衆の圧力を受けて下されたものだった。六月三十日、三人の男はグレーヴ広場で絞首刑に処された。サン゠ドニ通りとロンバール通りの角にあったガスティーヌ邸は取り壊され、その跡地には異端撲滅の象徴として、十字架を冠したオベリスクが建てられた。

聖戦の精神が吹き荒れていた。トゥールーズでは、クズランの老司教エクトール・ドサンが異端に対する武力動員を訴えていた。カトリックの士気を鼓舞すべく、十三世紀に聖ドミニコによって提唱されたアルビジョワ派十字軍が模範とされていた。王軍の指揮を引き継いだアンジュー公には、四旬節の説教で宮廷の人々を圧倒させたイエズス会士のエモン・オージェが同伴していた。オージェは『戦う教育者』と題された論説文をシャルル九世に捧げた。彼はこの作品の中で、反逆者と戦う義務を君主に思い起こさせ、カトリック軍は異端との聖なる戦いに専心する完全な共同体であると述べていた。キリスト教的戦士はあらゆるカトリックにとって規律と献身の模範となるべきものであった。道徳的改善や霊的指導などの聖務は信仰の構築過程をなしており、それは教皇ピウス五世が擁護した厳格路線に含まれるものであった。しかも教皇は約五千人の召集兵を派遣することに同意した。これらの兵士には一人の教皇庁代表と五人のイエズス会司祭が同行し、彼らの行動が模範となるよう注意しなければならないという斬新なものだった。

一五六九年九月十三日、パリ高等法院は三人のプロテスタント将軍――コリニー提督、一五五九年に図らずもアンリ二世を殺してしまったモンゴメリー伯、コンデ公の最古の戦友の一人でシャルトルの司教代理であるジャン・ド・フェリエール――を大逆罪で死刑に宣告した。コリニー提督は貴族の地位を剝奪され、グレーヴ広場では彼の人形が吊るされた。小さな子供たちが人形の両足を引きちぎり、火をつけた。彼の身柄を国王裁判に引き渡した者には、五万エキュという破格の報償金が約束されていた。決定はただちに公表され、王国全土に広められた。ダンドロ〔コリニー提督の弟〕は、五月に毒殺された可能性があるため、この刑には含まれていなかったが、高等法院は彼と妻の遺体を掘り出して絞首刑にするよう命じた。

四　戦いの年

第三次宗教戦争は、第一次および第二次宗教戦争にはなかった大きな戦いが相次いだ。突進戦、撤退戦、攻囲戦、さらには非常に激しい戦闘が、地理的にかなり広い範囲（ペリゴール地方、リムーザン地方、ポワトゥー地方）でくり返された。まずは一五六八年十一月十六日と十七日、リュジニャン近くのパンプルーとジャズヌイユで、まだ人数の少ない軍隊同士が会戦した。プロテスタント側が撃退された。とりわけ厳寒期には軍事行動が滞った。戦闘は春に再開された。

一五六九年三月十三日、ジャルナックの近くで大きな衝突が起こった。投入された兵力はこれまでになく大規模なものであったが、スイス召集兵を中心とする王軍二万六千人に対してユグノー一万五千人という、相変わらず不釣り合いな数であった。タヴァンヌ率いる王軍がアンジュー公〔後のアンリ三世〕の指揮の威信にかけて優位に立った。プロテスタント側は多くの兵士を失うことはなかったが、コンデ公が殺された。ユグノーたちが広めた殺害の話によると、降伏しようとしたのにピストルで頭を撃たれたとのことだった。アンジュー公の近衛隊長モンテスキウがこの裏切り行為の張本人とされた。また、コンデ公の地位にまったく敬意を払うことなく、シャツ姿のままロバに乗せて彼の遺体を運んだ、という噂も流れた。こうした屈辱的な扱いは両陣営の過激化を物語っていた。「公正な戦い」をつかさどる騎士道精神は、かつては存在していたのに、もはや消えてしまったのである。

ジャルナックでの勝利は、国王に忠誠を誓う都市において、歓喜の篝火《かがりび》とテ・デウム〔を歌う謝恩式〕の執行によって祝われた。さらには、ローマでも祝宴が催され、シャルル九世が敵から奪った軍旗をいくつも送ったことから、国際的な反響も呼んでいた。多くの人々がアンジュー公を称賛しつつ、折にふれて情報を広めた。そのうち一人が作った死者のリストには、コンデ公だけでなく、サン＝ドニでモンモランシー大元帥を殺したとされるロバート・ステュアートも含まれていた。しかも、このスコットランド人隊長が国王・王妃両陛下の暗殺も計画していたことが明らかとなった。ユグノーたちは国王暗殺者になるおそれがあった。そのため彼らは抹殺されなければならなかった。

実際のところ、ジャルナックの戦いは決定的なものではなかった。王軍は資金不足のため潰走しはじめていた。隊長たちまでもが、この果てしない戦争の意味について自問し、ユグノーたちが待つ援軍の到来を恐れていた。プファルツ＝ツヴァイブリュッケン公ヴォルフガングは、一万五千人の傭兵からなる部隊を指揮し、ブルゴーニュ地方とフランス中心部を荒らした後、リムーザン地方でコリニー提督の軍隊と合流した。ネーデルラント志願兵もユグノーの軍隊に加わった。彼らのうちには、ナッサウ伯家のオラニエ公ウィレムやその兄弟のハインリッヒとルートヴィヒがいた。

一五六九年六月二十五日、ユグノーたちはラ・ロッシュ＝ラベイユでの戦いに勝利し、北上することが可能となった。コリニー提督は、今後の戦闘に対する兵站《へいたん》拠点となりうるポワチエを包囲した。要塞は充分に防御されていたため抵抗し、プロテスタント指導者は九月七日に野営地を畳まざるをえなかった。王軍の兵士たちは刷新される余裕があったため、その兵数はもはや二万八千人に及んでいた。一万六千人ほどの兵力を有するユグノー軍は、一五六九年十月三日、ポワトゥー地方の北部にあるモンコントゥールの近くで惨敗を喫した。プロテスタント側の犠牲者はかなり多く、おそらく兵員の半数に及んでいた。ドイツ歩兵は、降伏しようと武器を捨てたにもかかわらず、スイス兵によって惨殺された。ローマでは、歓喜の篝火《かがりび》が焚かれ、三日間にわたって鐘が鳴り、教皇が大行進に参加した。

王軍の隊長たちは、補給線が伸びることを恐れていたため、プロテスタントを追撃することはしなかった。ラ・ロシェルから送られるユグノー軍の供給を断つために、王軍はサン＝ジャン＝ダンジェリを包囲した。この作戦は行き詰まった。きちんと防備が施され、食糧を充分に備えていた都市（サン＝ジャン＝ダンジェリはまさにそのケースであり、当時は秋の収穫後であった）は、攻略するのが困難であった。王軍は、主に病気のせいで六千人の兵士を失ったものの、ついに都市を占拠した。コリニー提督はラングドック地方に逃れ、軍隊を再編成していた。冬の間、ユグノーたちはニームを占領し、トゥールーズ周辺を荒らして教会や修道院を略奪した。一五七〇年四月、軍隊がふたたび移動できる季節になると、提督はまたしても北上を開始したが、今度はヴィヴァレ地方、フォレ地方、ローヌ川流域を通った。六月末、彼は小さな軍隊を率いて、コッセ元帥の軍隊をアルネ＝ル＝デュックで撃退した後、ラ・シャリテ＝シュル＝ロワールに向かった。パリへの道は開かれていた。

五　不信の中で生きること

王政が軍事面で劣勢に立たされたのは、これが最初だった。カトリーヌ・ド・メディシスは、教皇からの確固たる態度の要請にもかかわらず、交渉を受け入れた。資金は枯渇し、戦争は膠着状態を呈していた。一五七〇年八月八日、和議がサン＝ジェルマン＝アン＝レで結ばれ、三日後にパリ高等法院によって登録された。以前の王令の規定がふたたび取り入れられ、礼拝の自由が認められた場所は、上級裁判領主の邸宅、すでに八月一日の時点で王令が施行されていた都市、（バイイ管区ではなく）地方総督管区ごとに二都市の城外区域であった。これら二十四か所は、後に場所の指定で問題が生じないように定められていた。プロテスタント側の不信感は大きく、彼らは自分たちへの軍事行動を警戒すべく、四つの場所を二年間にわたり自分たちの管轄下に置くことを要求した（この種の都市はやがて「安全保障地《プラス・ド・シュルテ》」とよばれることになる）。選ばれた場所は、ラ・ロシェル、モントーバン、コニャック、ラ・シャリテ＝シュル＝ロワールであった。しかし、カトリシズムの再興を阻むことはできなかった。不信感が圧倒的だったのである。和平を実現させるために、派遣監督官が新たに任命された。今回こそは王令の施行をいっそう確実なものにすべく、大半が直近に任命されたばかりの宮廷裁判所調査官、すなわち王政と密接なつながりをもつ人物が選ばれた。

長年の月日を経てはじめて、都市の民兵たちは強化してきた監視を解き、街角では太鼓の連打音や銃の射撃音がもはや聞こえなくなりつつあった。和平王令は内乱を想起させるような建築物の解体を命じていた。パリでは、ガスティーヌ邸の十字架がイノサン墓地に移されることになっており、これが大きな不満を引き起こした。一五七一年十二月、移設作業は大いに緊迫した状況でおこなわれた。説教師シモン・ヴィゴールは、大勢の聴衆を前にして、神の意志にあえて逆らおうとする者に注意を促していた。彼は説教の中で臆することなく「神の敵を憎むことは聖なる憎悪なり」

と宣言していた。この演説によって活気づいた人々は、力づくでイノサン墓地に侵入し、記念建造物を移設するための穴を埋めた。結局のところ、ガスティーヌ邸の十字架は夜間に解体され、厳重な監視のもとで墓地に移された。

カトリーヌ・ド・メディシスは、かねてからシャルル九世と神聖ローマ皇帝の長女〔アナ・デ・アウストリア〕との結婚を望んでいたが、長女がフェリペ二世と結婚したために、次女エリザベートとの結婚に同意することで和平安定化の試みを続けた。そのねらいは国王の後継者を確保し、政局を安定させることにあった。すぐに娘が生まれたが、夫婦に息子はいなかった。王位後継者は相変わらずアンジュー公アンリで、カトリーヌはアンリをイングランド女王と結婚させようとしたが、彼は異宗派で年齢も自分よりずっと上の女性との結婚を断固として拒んだ。ただちにカトリーヌは、末子であるアランソン公フランソワをエリザベス〔イングランド女王〕に提案した。

イングランドとの同盟という期待は裏切られたものの、カトリーヌ・ド・メディシスはナヴァル女王を説得し、女王の息子アンリ〔後のアンリ四世〕を国王の妹マルグリットと結婚させるという願望を満たした。結婚は手段であり、和解の象徴でもあった。カトリーヌはジャンヌ・ダルブレ〔ナヴァル女王〕に対して、子供たちに危害を加えないからと書いて、彼らと一緒に宮廷に戻るよう促した。ナヴァル女王はこう答えた。「失礼ながら、こうしたお手紙を拝読して、私は思わず笑いそうになりました。というのも、あなたは私から恐怖を取り除こうとしておりますが、私は恐怖など感じたことはございませんし、世間の人々とは違って、あなたが小さな子供たちを食べてしまうと思ったこともございません」[5]（一五七一年八月）。ついにジャンヌは説得に応じるが、この結婚の前提を受け入れた直後に死んでしまう。結婚式は一五七二年八月十八日にパリでおこなわれた。その翌日、カトリーヌはペンをとり、この一見して不自然な結婚が王国の安寧のために必要である、とグレゴリウス十三世に説明した。

訳注

（1）*Lettres de Catherine de Médicis*, publiées par Hector de La Ferrière, Paris, Imprimerie nationale, 1880-1943, tome III, introduction, p. XI.

（2）*Lettres de Charles IX à M. de Fourquevaux, Ambassadeur en Espagne 1565-1572*, Paris, Alphonse Picard, 1897, Lettre LXIX (du 7 décembre 1567), p. 129.

（3）*Lettres de Catherine de Médicis*, tome III, lettre du 7 décembre (à Monsieur de Fourquevaulx), p. XI.

（4）Fontanon, *Edicts et ordonnances*, tome IV, pp. 292 et 293.

（5）*Lettres de Catherine de Médicis*, publiées par Hector de La Ferrière, Paris, Imprimerie nationale, 1880-1943, tome IV, introduction, p. XL.

第五章　闇の奥

一　聖バルテルミーの虐殺

一五七二年八月二十二日の午前中、ガスパール・ド・コリニーはルーヴル宮での国務会議に出席した後、自宅へ帰ろうとしていた。その途中に火縄銃で射撃され、銃弾は彼の左腕を貫通し、右手の指を数本打ち砕いた。一五七〇年八月に結ばれたサン＝ジェルマンの和議の後、提督は高位と役職を取り戻していた。それ以来、彼はフランス国王がネーデルラントに介入するように活動していた。一五七二年四月、乞食団《ゴイセン》、すなわちネーデルラントのカルヴァン派がイングランドとドイツで再結成され、武器をふたたび手にした。彼らの指揮者となっていたのは、ナッサウ伯家のオラニエ公ウィレムであった。フランスの志願兵は国境を越えて一緒に戦い、モンスとヴァランシエンヌを占領した。七月初め、コリニーは国民的和解を確立するための戦争計画を国務会議に提出したが、タヴァンヌ元帥、大法官モルヴィリエ、王妃の親友であるヌヴェール公〔ルドヴィーコ・ゴンザーガ＝ネヴェルス〕が、あらゆる介入に反対した。八月九日、国務会議はふたたびコリニー提督の提案を退けた。パリの街角では、戦闘の噂が飛び交っていた。カトリックを含む多くの貴族は、古くからの敵であるスペインとの戦争に反対していなかった。

コリニーに対する襲撃は、パリにパニックを引き起こした。市当局は暴動が起こるのを恐れていたので、軍隊を動員して市庁舎を守った。若きナヴァル王の結婚式に出席しようと大挙してパリにやってきたプロテスタントの隊長たちは、裁きをおこなうことを要求した。その頃、カトリーヌ・ド・メディシスとその顧問官たちは反乱を恐れていたにちがいない。ユグノーたちは一五六七年に国王を誘拐しようとしたではないか。その翌年、彼らはふたたび武力を手にしたではないか。彼らはコリニー提督のために復讐するのではないか。

襲撃犯はまだ知られていなかったが、モールヴェールという人物であった。彼はすでに三年前にプロテスタントの領主ムイを殺害しており、おそらくコリニーに首を狙われることを恐れていたのであろう。いずれにせよ、この襲撃がギーズ家の仕業であることを疑う者は誰もいなかった。マルグリッド・ド・ヴァロワは『回想録』の中で、この事件を次のように語っている。「シャルル王は、このモールヴェル〔原文ママ〕がギーズ殿〔ギーズ公アンリ〕にそそのかされて、ギーズ殿の亡き父君

〔ギーズ公フランソワ〕の死に対する復讐として襲撃をおこなったのだ、と確信していました。なぜならば、提督はかつて同じ手口を使い、ポルトロ〔・ド・メレ〕に命じてギーズ殿の父君を殺害させたからです。そのため、王は大いに憤慨し、ギーズ殿を罰することを誓いました[1]」。貴族にとって復讐は義務とされていた。ブラントームは、名将たちを描いた作品の中で、「この勇敢なる息子」すなわちギーズ公アンリが「果たすべき復讐をすべて聖バルテルミーでなしとげた」と、称賛をもって記している[2]。

八月二十三日の晩、マルグリットの言葉を借りれば「ユグノーたちの悪意[3]」に関する噂が次第に大きくなったため、国王顧問会議は予防措置として実力行使に踏み切ることにした。「戦闘的ユグノーたち」に対する死刑が夜のうちにルーヴル宮で準備された。殺害すべき人物たちのリストが作られたにちがいない。パリ商人頭（すなわち市長）は民兵を召集し、セーヌ川を渡ることができないように船を鎖でつなぎ、市門の開放を禁じた。一五七二年八月二十四日の日曜日、午前三時から四時の間に、近衛隊、宮廷人とその従者たちが作業を開始した。ギーズ公とその叔父のオマール公は部下を連れて、提督が住んでいるベティジー通りへと急いだ。コリニーの死体は窓から投げ落とされ、斬首され去勢された状態でセーヌ川まで引きずられた後、モンフォーコンの絞首台で足から逆さ吊りにされた。これは一五六九年に高等法院で宣告された刑罰を履行するためだった。正義は果たされたのである。

ルーヴル宮や近くの通りに住んでいたプロテスタントの大半は、ただちに殺害された。こうして約百人以上の領主たちが死んだ。彼らのうちには、提督の娘婿でサン＝ジェルマンの和議を交渉したテリニー、ラ・ロシュフコー伯〔フランソワ三世〕、セギュール＝パルダイヤン、ピール領主〔アルマン・ド・クレルモン〕、スービーズ領主などが含まれていた。若きナヴァル王アンリとその従兄コンデ公アンリ〔ジャルナックで殺された王子〔コンデ公ルイ一世〕の息子〕は、王家の血を引いていたので命拾いしたものの、カトリックに改宗することが条件とされた。唯一逃亡に成功したのは、城外区域のサン＝ジェルマン街に住んでいる人々であった。彼らのうちにはモンゴメリーも含まれていた。というのも、この隊長は一五五九年に馬上槍試合の最中に運悪くアンリ二世を死なせてしまった張本人として、カトリーヌ・ド・メディシスが彼の首を要求していたからである。

八月二十四日の朝になると虐殺の規模が一変した。半鐘の音とともに、帽子に白い十字架をつけた民兵がプロテスタントの家々に突入してきた。多くの虐殺事件には、とりわけ決意を固めた者たちの集団が見られるものだ。民兵の内部では、カトリックの活動家たちが中核をなしており、もはや市の行政官たちがコントロールできない状態にあった。パリでは、八月二十四日から二十七日あるいは二十八日の日中にかけて、約三千人の犠牲者が出た。

それから十五ほどの都市で虐殺がおこなわれ、死者は合計して約一万人に及んだ。国王は処刑命令書を送りはしなかったが、とりわけ熱狂的なカトリックによって口頭で命令が広められたのであろう。暴力行為は、まずパリでの大殺戮の発表後にラ・シャリテ、オルレアン、モーで、それから数日間の躊躇を経てブールジュ、アンジェ、ソミュール、リヨン、トロワ、ルーアンで、さらに一か月後の十月三日から六日にかけて南西部のボルドー、トゥールーズ、ガイヤック、アルビ、ラバスタンでおこなわれ、戦争がこうして再開した。

千五百人が犠牲となったオルレアンでの虐殺は、まさにもっとも恐ろしいものだった。改革派は、市内に数多く存在していただけでなく、一五六二年と一五六七年に都市を占領したことの代償を払わされたのである。同じく、ユグノーによる一五六二年の占領があらゆる人の記憶に残っているリヨンでも、改革派は集められ、監禁され、そして殺害された。恐怖のあまり、カーンやアミアンといった暴力行為が起こらなかった都市でも、虐殺後の数か月の間に何千人もの人々がカトリックに改宗した。プロテスタントの少数派が回復することはなかった。

国王は、一五七二年八月二十七日に地方総督に宛てた書簡の中で、内乱を鎮めるために改革派の礼拝を禁じた。これは九月二十四日に承認されたが、信教の自由が問題にされることはなかった。

二　クーデターの誕生

王政が国内外における戦争再開を避けるために全力を尽くしていた以上、聖バルテルミーの虐殺は、歴史の流れに逆らうかたちで生じたものである。最初は、八月二十四日に署名された書簡に記されているように、一方では「ギーズ家の人々」、他方では「提督の従者や友人たち」だけにかかわる事件であると明言された。(4) 国王は大衆の激怒から逃れるためにルーヴル宮に閉じこもらなければならなかったが、和平王令が問題にされることはなかった。

この説はすぐに否定され、ユグノーの反乱はギーズ家だけでなく、とりわけ国王とその一族に対しても向けられたという説が有力となった。反逆者は武器を手にする前に処罰されなければならなかった。これは八月二十六日にパリ高等裁判所で開かれた親裁座において、シャルル九世が宣言したものである。国王は、ギーズ家にはコリニー提督とその「徒党」たちを殺すことが認められていたと主張した。カトリック側の文書はいずれもこの〔プロテスタント殺害に対する〕弁明をくり返そうとした。こうした情報統制には驚くべきものがある。

ユグノーの指導者たちを死刑に処するという決定は、カトリーヌ・ド・メディシスにとってある種の救いに映ったのかもしれない。平和の祝典であるはずの王室の結婚式が、罠に変わっていったのである。八月二十八日、王母はスペイン王にこう書いた。「神と国王に反抗する臣民を取り除くための手段を、わが子なる国王に神が与えてくださり、あの残酷な手から国王とわれわれ一同を守ってくださったことを、貴方様もわれわれと同じように幸福として感じているにちがいありません」[5]。これで全面的に国王に服従させることになるのだから、神は称賛されるべき存在であった。はたしてカトリーヌが書いていたのは本心なのだろうか。それとも書簡の相手を満足させるような意味を出来事に与えようとしたのだろうか。

ユグノーたちは、この虐殺の中に、カトリック勢力によって自分たちに企てられた大規模な陰謀の証拠を見た。生存者たちは、なぜ神がこのような暴挙を許したのかを理解しようとして、罪悪感にさいなまれたのかもしれない。カトリックに改宗した人々もいれば、スダンやジュネーヴ、神聖ローマ帝国やイングランドに亡命した人々もいた。

この虐殺はカトリックにとっても衝撃的だった。彼らも残虐だと感じたのであろう。これ以降、聖バルテルミーの虐殺に匹敵するような暴力事件は起こらなかった。戦争ではしばしば非常に激しい暴力行為があり、とりわけ国王アンリ三世をはじめとする暗殺や処刑もいくつか起こったものの、広範囲にわたる虐殺はなかった。人々はもう暴力にうんざりしていたのである。

いまや救いに対する希望は、教会の内部改革と厳格な宗教的実践に託されていた。異端はもはや神の怒りの原因ではなく、その結果とされていた。神は何よりもまずカトリックの信徒が魂を清めることを望んでいたのであり、この働きによってのみ教会は統一性を取り戻すことができるのだ。聖体信心会やロザリオ信心会と同じように、プロヴァンス地方の信徒組織をモデルとした悔悛信心会《コンフレリ・ペニタンシエル》が、それから数年間にわたって誕生した。さらに一五八〇年代には、聖職者の働きかけにより、とりわけシャンパーニュ地方において白装束の華やかな行列行進がおこなわれた。一五八三年の夏から初秋にかけて、白衣をまとった七万人の巡礼者たちが、聖体の後に続いてランスのノートル＝ダム大聖堂まで行進した。

「国家理性《レゾン・デタ》」は一五七二年に考えだされたのだろうか。この表現が登場するのは、それから数年後のことである。イタリア人イエズス会士のボッテーロが一五八九年に出版した概論〔『国家理性論』〕の題名として用いた。国家理性とは、教会の命令に従う正しい君主制政治のありかたを規定するものであった。その後、プロテスタントのアントワーヌ・ド・モンクレティアンは『政治経済論』（一六一五年）の中で、国王や国家共同体にとって有益なものを指すために、「国家理由《レゾン・ド・レタ》」という表現を用いた。いずれにせよ、国家という概念そのものが誕生したのである。もはや国王の地位、すなわち国王のありかたが問題とされるのではなく、自律的な権力をもつ上層決定機関〔としての国家〕が問題とされていた。

十六世紀末には、君主による特別な裁きの執行を指すために、「国王陛下の一撃《クー・ド・マジェステ》」あるいは「国家の一撃《クーデタ》」という表現が用いられた。『クーデターに関する政治的考察』（一六三九年）の著者であるガブリエル・ノーデにとって、聖バルテルミーはまさしく「これまでフランスあるいは他の場所で企てられた、もっとも巧妙かつもっとも大胆なクーデター[6]」であった。ノーデによると、この虐殺はカトリーヌ・ド・メディシス、ギーズ公、シャルル九世とその弟アンリを巻き込んだ一連の長い復讐劇の結果であり、かなり以前から計画されていた事件であることは明白であった。いずれにせよ、国王と王母がさまざまな出来事に翻弄されていた、と書き記すことはできなかった。彼らは病んだ肉体〔としての国家〕から悪い体液を取り除いたのであり、隠ぺいを図る必要があったとしても、それは王国の利益のためであった。モンテーニュも「公益のためには裏切りや嘘や殺人も要求される[7]」と苦々しく指摘していた。

三　暴政に対抗して——基本法と契約主義

初期の宗教戦争ではプロテスタントの誹謗中傷を免れていたシャルル九世やカトリーヌ・ド・メディシスといった人物が、いまや血に飢えた暴君となって現れた。君主制を一種の契約制度とみなすという新たな見解を提唱した、一つの注目すべき文献がある。

聖バルテルミーの虐殺の際にトゥールーズで殺された法学者ジャン・ド・コラは、第三次宗教戦争の間に『君主と交渉することが臣民に認められているかという政治問題』と題された小論文を書いた。彼はラ・ロシェルで印刷されたこの作品の中で、臣民による同意や君主との交渉権について問題を提起していた。コラは、すべての人間は生まれながらにして平等であり、国王はその権威を神から直接授かったのではなく、民衆の委任によって得たものである、と主張した。民衆はみずからの意志で君主に服従しているのであり、君主と民衆を結びつける契約は、双方の責務が尊重されている場合にのみ有効であり続ける。というのも、国王は臣民を抑圧から守り、正義と保護を保障しなければならず、その見返りとして臣民は王に服従し畏敬を払うからである。さらにコラは、内戦状態から脱却するには、交渉によって国王と臣民との信頼関係を取り戻すことが必要であるが、この交渉は民衆自身が直接おこなうのではなく、全国三部会、高等法院、そして王国の最有力領主である同輩衆によっておこなわれるべきだ、と主張していた。そうすることで、悪しき顧問官の有害な影響をなくすことができるのである。コラがロレーヌ枢機卿のことを指しているのは、誰にも理解できた。

聖バルテルミーの虐殺の直後に出版された文書は、コラの議論を過激化させたものであった。臣民には国王との交渉が認められていただけでなく、国王は政治制度の根幹そのものである契約に関わる責務を尊重することが義務づけられていた。虐殺がおこなわれた後にジュネーヴへ亡命した法学者フランソワ・オトマンは、『フランコガリア』(一五七三年)の中で、ガリアの伝統にさかのぼりつつ、フランス王政の歴史的基盤について言及した。オトマンは、ガリアの首長が選挙で選ばれ、諸部族の代表を集めた全体会議が定期的に開かれていた、と主張した。王政が専制政治に陥らないようにするためには、こうした恒常的な交渉のモデルに立ち返り、全国三部会を開催することが必要であった。

その直後にテオドール・ド・ベーズも、あからさまに暴政に対する批判として記された論説『臣民に対する為政者の権利について』(一五七四年)を発表した。ベーズは、国王への服従が条件つきであり、国王の権力が神権と人権、そしてとりわけ王国の「基本法(8)」(この表現はここではじめて登場した）によって制限されている、ということをはっきり主張した。もし君主が臣民を抑圧したり「ローマの反キリスト」〔ローマ教皇〕に服従させたりすれば、その君主は暴君であるがゆえに、君主に対する抵抗は正当なものとなる。下級行政官、すなわち大領主や市行政官には抵抗権が与えられており、彼らは悪しき国王による明らかな暴政に反対すべく、全国三部会を召集することが義務づけられている。ベーズは、暴君を退治することも、まして殺害することも明記していないが、真の宗教を確立することがよき君主の目標であると主張している。フィリップ・デュプレシ＝モルネーは、こうした契約思想を、一五七九年に出版された『暴君に対する反抗の権利』〔『民衆に対する君主の正当な権力、および君主に対する民衆の正当な権力について』という題名で仏訳された作品〕の中で取り上げげた。この作品は、スペイン王に対するオラニエ公の反乱を弁護する必要があった時期に発表された。

それから数年間にわたり、契約主義理論は王政への攻撃材料となりつつあった。スコットランドの法学者ウィリアム・バークレーは、一六〇〇年に出版された論文〔『王国および王権について』〕の中で、国法や神法を守ることを口実にして君主への反乱を正当化する理論家たちを「暴君放伐論者《モナルコマク》」とよんだ。

その間、法学者ジャン・ボダンは、記念碑的な論文である『国家論六篇』（一五七六年）を発表した。彼はこの作品において暴君放伐論者の理論に対抗し、主権、すなわち法を制定する権限は〔主権者以外の人物に〕共有されることがないと主張していた。ところで、あらゆる政治制度の中で最善かつもっとも自然なものとされる君主制では、この主権が国王のみに属しており、国王は最高の権限をもつ裁判官であるだけでなく、唯一の立法者でもある。君主は正義を保証する者として、あらゆる臣民に対して真の家父長のようにふるまわなければならない。したがって君主に対する反乱は、いかなる場合も正当化されてはならないのである。ただし、国王は神法と自然法、さらには所有の原則を尊重しなければならないため、課税は臣民の同意がなければならない、とボダンは考えていた。さらにサリカ法典〔女性の王位継承権を禁じたゲルマン諸部族の古法〕は、王国における真の基本法とされていた。そのため国王は、みずからの後継者を選ぶことができなかった。

四　ユグノーの抵抗

聖バルテルミーの虐殺をきっかけに戦争が再開されたが、軍事行動は限定的なものにとどまった。ユグノーたちはもはや結束した軍隊をもっていなかったので、大規模な戦闘はおこなわれなかった。

プロテスタントは町々に奇襲をかけ、王軍は敵地を包囲していた。戦争は各地に波及しつつあった。王国南部では、ユグノー陣営の都市（モントーバン、ニーム、ミヨー）が防備を固め、ルエルグ地方、ケルシー地方、アルビジョワ地方、ヴィヴァレ地方、ラングドック地方では、一部の隊長が軍隊の再編成を担った。

王軍は、一五六八年からプロテスタントの真の拠点とされていたラ・ロシェルの封鎖を開始した。市当局は住民の大多数と同じく宗教改革に賛同していた。一五七一年四月、この地において第七回改革派全国教会会議が開かれ、ジャンヌ・ダルブレ、ナヴァル王アンリ、コンデ公アンリ、コリニー提督、ルートヴィヒ・フォン・ナッサウ〔ナッサウ伯家のオラニエ公ウィレムの弟〕、テオドール・ド・ベーズが列席した。ベーズは一五五九年のパリ教会会議で提示された信仰告白を公式に採択した。こうした拠点としての地位ゆえに、ラ・ロシェル包囲戦は一五七三年二月以降、まさに福音の民〔を標榜するユグノーたち〕の生存をかけた闘争となった。衝突の激しさや軍事行動の長さなど、あらゆる点から対立は最終闘争のような状態を呈しており、両陣営はもはや和解不可能となっていた。

ポーランド王に選ばれたことを知ったアンジュー公アンリ〔後のアンリ三世〕は、六月末、籠城軍との協定交渉をおこなった。一五七三年七月に調印された新たな和平王令〔ブーローニュ王令〕は、聖バルテルミーの虐殺以降に起こったすべての事件に関する記憶の抹消を命じたが、「いわゆる改革派宗教[9]」の礼拝については、きわめて限定的であった。礼拝が許されたのは、三つの都市（ラ・ロシェル、モントーバン、ニーム）だけであった。一月から八月まで包囲されていたサンセールも、後から追加された。上級裁判領主にいたっては、洗礼式や結婚式といった私的儀式をおこなう権利を得たにすぎなかった。残りのユグノーたちは信教の自由だけで満足するしかなかった。もはや寛容の時代ではなかったのだ。しかも、一部の町で礼拝が許されたのは、たんに住民が「安住して暮らす[10]」ため、つまり他に手段がなかったから、ということも明記されていた。一五七三年七月十一日、パリ高等法院はこの王令を登録した。

　プロテスタントは、聖バルテルミーの虐殺によって不意を突かれたものの、撲滅されたわけではなく、彼らは抵抗への意志を強めた。とはいえ、一五六二年以降、プロテスタントは王軍に対抗する軍事的・財政的手段を得るためのさまざまな組織を模索していた。そうした組織体制の中心となるのが、全国政治会議《アサンブレ・ジェネラル》、常任評議員《コンセイユ・ペルマナン》、そして保護者《プロテクトゥール》であった。第一回の政治会議は一五六二年十一月にニームで開かれ、アシエ男爵ジャック・ド・クリュソルが保護者に任命された。戦争が再開されると、政治会議はモンペリエ（一五六七年十月）、それからニーム（一五六九年十二月、一五七〇年二月）とアンデューズ（一五七〇年六月）で再組織された。一五七三年にはアンデューズ、レアルモン、モントーバン、ニームで会議が開かれた。

和平が正式に締結されていたときでも、大規模な政治会議が一五七三年十二月にミヨーで開かれ、プロテスタント陣営の基盤となるべき規約が作成された。プロテスタント陣営はもはや王政を信頼していなかった。彼らの組織は都市と地方会議の上に成り立っていた。軍事司令官を任命し税金や法律を決定するために、全国身分会議《エタ・ジェネロー》、すなわち全国総会が年に二回開催されることになっていた。常任評議員は財政を担当していた。地方ごとに軍事司令官と評議員がいた。

改革派が打ち立てた体制を指すために、スペインの支配に対して蜂起したネーデルラントの諸州〔ネーデルラント連邦共和国〕をもじって、南フランス連邦共和国《プロヴァンス・ユニ・デュ・ミディ》という表現が用いられることもあった。しかし、実際には〔フランス王国からの〕分離の意図はいっさいなかった。南部の諸都市がとりわけ要求していたのは自治であった。

五　党派的境界と宗派的境界の曖昧化

肺結核を患っていたシャルル九世は、一五七四年五月三十日に死去した。ポーランドにいた弟のアンリは、すぐにフランスへの帰国を決めたが、リヨンに到着したのは九月になってからだった。

その間、王国はふたたび混沌状態に陥っていた。ラ・ロシェルは市門を閉じ、モンゴメリーはノルマンディーに上陸していた。七月、宮廷を逃れていた若きコンデ公アンリは、ミヨーで新たに開かれた政治会議で改革派教会の保護者に任命された。

パリでは人々が恐怖にかられていた。五月初め、カトリーヌ・ド・メディシスは、改革派との和解に賛同していた二人の人物、すなわちイル＝ド＝フランス地方総督であったフランソワ・ド・モンモランシー元帥（大元帥の長男）、ならびにコッセ元帥を逮捕させた。彼らは、カトリーヌ・ド・メディシスの末子アランソン公フランソワと若きナヴァル王アンリを宮廷からひそかに脱出させようと陰謀に加わったとして、罪に問われた。

しかも、南部は公然と反旗をひるがえしていた。ラングドック地方総督であったアンリ・ド・モンモランシー＝ダンヴィル元帥（大元帥の次男）は、一家の名誉を守るという名目で武器を手にしていた。彼はユグノーと同盟を結んだ。もはや党派的境界と宗派的境界が一致しなくなっていた。

さらにはカトリーヌ・ド・メディシスの末子で、いまや王位継承者であるアランソン公フランソワ——すなわち王弟殿下《ムッシュー》——が、主導的役割を果たそうとしていた。彼は宮廷を脱出し、あらゆる不満分子を背後に集めることに成功した。アランソン公は、法学者イノサン・ジャンティエといった、とりわけユグノー派の政治論客を多く利用し、悪しき王国顧問官たちの暴政に対する抗戦という名目で武器を取ることを正当化した。この王国顧問官たちは――一五七二年十二月に亡くなったロレーヌ枢機卿はもはやスケープゴートになりえなかったため――主にイタリア人であり、彼らは権力を簒奪《さんだつ》し真のフランス貴族を滅ぼそうとしたとして非難されていた。こうした議論は新旧両派の貴族を結束させるのに役立っていた。とりわけカトリーヌ・ド・メディシスに対する過激な文書が書かれた。カトリーヌにまつわる黒い伝説が誕生したのである。

　プロテスタントは、モンモランシー＝ダンヴィル元帥と王弟殿下のもとに集結した「カトリック連合」あるいは「不満派《マルコンタン》」の支持を受け、ドイツ傭兵に助けを求めた。プファルツ選帝侯家のヨハン・カジミールは強大な軍隊を率いて王国に入った。一五七六年二月、ナヴァル王アンリは宮廷から脱出することに成功した。彼は南西部地方に逃亡し、六月にカトリシズムを放棄した。彼は理屈では改革派教会の新たな保護者であったが、用心深く身を引いていた。

　新旧両派の挟み撃ちにあい、資金も兵力も失ったアンリ三世は、ついに妥協した。いわゆる「王弟殿下《ムッシュー》の和平」を交渉したのは、カトリーヌ・ド・メディシスであった。この協定は一五七六年五月六日、新たな和平王令〔ボーリュー王令〕によって批准された。この王令は、両派のあいだに一種の対等性を確保していたことから、すべての和平王令のうちでもっとも寛容なものであった。はじめてパリを除く王国全体で礼拝が認められたが、首都ではプロテスタントが自宅で望むことをしてもよいと明記されていた。しかも、彼らが長老会を召集し、全国教会会議や地方教会会議を開くことが認められていた。おまけに屈辱的なことに、聖バルテルミーの「過激な行為」が生じたのは「きわめて遺憾かつ不愉快なること[11]」であったと国王自身が宣言し、コリニー提督の名誉は、その間に処刑された四人のプロテスタント将軍（モンゴメリー、モンブラン、ブリクモー、カヴァーニュ）の名誉とともに、公式に回復された。エーグ＝モルト、ボーケール、ペリグー、ル・マス・ド・ヴェルダン〔現在のマス・グルニエ〕、ニヨン、セール、イソワール、セイヌ・レ・ザルプの八か所が、安全保障地《プラス・ド・シュルテ》として認められていた。

主な改革点の一つは、プロテスタントに関する事件の裁判をおこなうための特別法廷を高等法院に設置したことである。この法廷は半数がカトリックの司法官、もう半数がプロテスタントの司法官で構成されることになっていた。そのため新旧両派同数法廷《シャンブル・ミ＝パルティ》とよばれた。すでに一五七〇年の王令では、高等法院に提訴された事件に関して、あまりにも不公平と思われる一部の裁判官を忌避できる権利が改革派に認められていたが、これほど大胆な措置にはいたっていなかった。今後、司法は宗派的性質を帯びることになる。ある意味で、「一人の国王、一つの信仰、一つの法」という古い格言は、「一人の国王、二つの信仰、二つの法」となりつつあった。

さらには、全国三部会がブロワで召集されることになった。この会議が開かれるのは十五年ぶりであった。しかも、王弟殿下はこれ以降、アンジュー地方、トゥーレーヌ地方、ベリー地方の公爵という新たな特権を与えられ、王国でもっとも有力な領主となっていた。何百人もの貴族たちは、王弟殿下がすぐに王の継承者となることを期待し、彼に付き従った。健康状態が良好ではなかったアンリ三世には、子供がいなかった。

大急ぎで秩序を回復させ、国を荒らす外国軍を追放する必要があったため、パリ高等法院は一五七六年五月十四日、これらの規定を登録した。しかしながら、カトリックの諸団体がすぐに結成されたために、宗教に関する規定はほとんど適用されなかった。ペロンヌ総督のジャック・デュミエールは、正式にピカルディー地方総督となったコンデ公にペロンヌ市の統治権を引き渡すことになっていたが、地域の貴族たちを集めて、カトリックのために生きかつ死ぬことを誓わせた。この動きには都市の聖職者や裁判官たちも追従した。最終的に、アンリ三世が旧教同盟の主導者であると宣言することで、この同盟をうまく統御しようとした。

全国三部会がブロワで開かれたが、プロテスタントはほとんど出席していなかった。そこで国王は戦争の再開を決定した。戦争は短かった。ユグノーたちは要塞に逃れた。王軍は、今回は同盟軍と決裂した王弟〔アランソン公フランソワ〕が率い、ラ・シャリテとイソワールを占領して略奪し、ギーズ公の弟マイエンヌ公〔シャルル〕がブルアージュを包囲しつつあった。ついにベルジュラックで和平交渉がおこなわれ、一五七七年九月に和平王令がポワチエで調印された。秩序の回復と新旧両派の共存をあらゆる角度から考慮に入れるために、条文はきわめて詳細なものとなった。一五六三年にはわずか十条、一五七〇年には四十五条、一五七六年には六十三条であった条文が、六十四の一般条項と四十八の個別条項で構成されていた。こうして規定の数が激増したのは、曖昧さを避けたいという意志の表れであり、経験とともに法律が成熟してきたことでもあるが、いまや警戒心が特段に深くなっている証拠でもあった。はじめて国王は、あたかも自分が実父になれないことを補おうとするかのように、あらゆる臣民の「共通の父」[12]であると宣言していた。前回の和平〔王弟殿下《ムッシュー》の和平〕のきわめて寛容な規定は取り消され、初期の王令によって定められた原則に戻された。礼拝の自由に関しては、九月十七日の時点で許可されていた都市と、バイイ管区につき一都市の城外区域において、上級裁判領主とその家族に対して認められたが、パリとその周辺では禁止された。高等法院には、プロテスタントに関する事件を扱う法廷が設けられていた。ボルドー、グルノーブル、エクス、トゥールーズでは新旧両派三分法廷《シャンブル・トリパルティ》となり、改革派の評定官がわずか三分の一に減ったが、カトリックの部長評定官とプロテスタントの部長評定官がそれぞれ一名ずつ置かれた。さらには、八か所の安全保障地《プラス・ド・シュルテ》（モンペリエ、エーグ＝モルト、ニヨン、セール、セイヌ、ペリグー、ラ・レオール、ル・マス・ド・ヴェルダン）が六年にわたって認められていた。ペロンヌで結成された同盟〔旧教同盟〕は、他のあらゆる党派的団体と同じように、公式に解散させられた。

南部において和平を実現するのは、容易なことではなかった。いくつもの場所が武力によって占領され、トゥールーズでは兵士たちが虐殺された。南フランスが明らかに緊迫状態にあったことから、カトリーヌはナヴァル王アンリの宮廷の所在地であるネラックに赴き、和平回復を進めるための協定を新たに交渉しようとした。プロテスタントを安心させ、対話によって内乱の再発を阻止しなければならなかったのだ。一五七九年二月のネラック協定は、新たな安全保障地（ギュイエンヌ地方で三か所、ラングドック地方で十一か所）をユグノーに認めたが、その期間は六か月に限られていた。ところが夏の間、プロテスタントは大いに不安を抱き、これらの都市の放棄を拒んだ。

戦争が再開されたが、軍事行動は断続的で一部の地域に限られていた。もはや統一性のあるユグノー陣営は存在しなかった。一五七九年十一月二十九日、コンデ公はピカルディー地方のラ・フェールを占領し、マンドはクリスマスの日にユグノー軍の奇襲を受けた。南フランスでは、ナヴァル王アンリが一五八〇年四月にようやく武器を取った。五月三十一日、ナヴァル王は五日間にわたる激戦の末にカオールを占領、これが彼にとって最初の武勲となった。戦争は、一五八〇年十一月二十六日にル・フレクス（ベルジュラックよりも下流側にあるドルドーニュ地方の都市）で、王弟殿下とナヴァル王が結んだ和議によって終結したが、この和議は一五七七年の王令〔ポワチエ王令〕

を追認したものであった。
アンリ三世は十年前のカトリーヌ・ド・メディシスと同じように、いまや臣下を和解させ、王国の行政および財政を改革し、自分の宮廷を模範的な小宇宙にして自分の望む調和の理想を体現することができる、と考えていた。さらに国王は男児を授かるように神に祈ったのかもしれない。しかし、国王夫妻は子供に恵まれず、国王のイメージは大いに損なわれた。

訳注

（1）*Les Mémoires de Marguerite de Valois*, éd. par Yves Cazaux, Paris, Mercure de France, 1986, p. 54.

（2）Brantôme, *Vie des grands capitaines françois, dans Œuvres complètes de Pierre de Bourdeille, seigneur de Brantôme*, tome IV, éd. Ludovic Lalanne, Paris, Veuve Jules Renouard, 1868, p. 260.

（3）*Les Mémoires de Marguerite de Valois*, éd. par Yves Cazaux, Paris, Mercure de France, 1986, p. 55.

（4）« Lettre XIV. Le roi à Mandelot », dans *Correspondance du roi Charles IX et du Sieur de Mandelot, gouverneur de Lyon, pendant l'année 1572*, Paris, Crapelet, 1830, p. 39 ; « Charles IX à M. de Gordes, gouverneur du Dauphiné », dans *Mémoires historiques de la ville de Bourg*, tome II, Bourg-en-Bresse, Milliet Bottier, 1869, p. 79.

（5）*Lettres de Catherine de Médicis*, publiées par Hector de La Ferrière, Paris, Imprimerie nationale, 1880-1943, tome IV, lettre du 28 août 1572 (à Monsieur mon fils le roi catholique), p. 113.

(6) Gabriel Naudé, *Considérations politiques sur les coups d'État (1639)*, Paris, Éditions de Paris, 1989, p. 120.

(7) *Les Essais de Michel de Montaigne*, éd. Pierre Villey et Verdun-Louis Saulnier, Paris, P.U.F., 1965, p.791 (Livre III, chapitre 1).

(8) Théodore de Bèze, *Du Droit des magistrats*, éd. par Robert M. Kingdon, Genève, 1970, p. 61.

(9) Fontanon, *Edicts et ordonnances*, tome IV, p.340.

(10) *Ibid.*

(11) Fontanon, *Edicts et ordonnances*, tome IV, p. 311 ; Isambert, *Recueil général*, tome XIV, p. 290.

(12) *Ibid.*, p. 318.

第六章　国家か宗教か

一　カトリックの共謀——旧教同盟

一五八五年から一五九八年までの時期は、ひと続きの連続的な戦争はなかったものの、王国の宗教的アイデンティティという根本的な問題に見舞われることになった。それはすなわち、フランス国王はプロテスタントでもよいのかという問題であった。

一五八四年六月、アンリ三世の弟であるアンジュー公フランソワが死去した。これ以降、王位後継者はナヴァル王アンリとなった。ところが、彼はプロテスタントであった。ギーズ公アンリとその支持者たちは宮廷を離れ、ひそかに団体を結成してスペイン王の支持を得た。パリでは同じ頃、とりわけユグノーに対抗する平民と聖職者からなる秘密組織が設立された。これらの人々は、国やパリ市の機能がもはや自分たちの手に負えなくなったことに対しても、おそらく何らかの不満を抱いていた。彼らの組織は、パリの地区の数にちなんで「十六区総代会《レ・セーズ》」とよばれた。

　ギーズ家は一五八五年三月、二十年前のプロテスタントと同じように、シャンパーニュ地方で武力蜂起した。彼らは、ペロンヌの地名が記された宣言書の中で自分たちの行動を正当化することで、この運動を一五七六年の旧教同盟の延長線上に位置づけようとした。宣言書はギーズ公の側近から届いたものだが、ナヴァル王アンリの父方の伯父であるブルボン枢機卿による文書として発表された。この高位聖職者は、熱狂的なカトリックにとって、異端者が戴くことのない唯一正当な王冠の継承者であった。南フランスの貴族エペルノン公についても、国王の寵愛を独り占めしているとして、その野心家ぶりが告発の対象となっていた。

　旧教同盟の資金の一部は、モンパンシエ公爵夫人でギーズ公の妹にあたるカトリーヌ・ド・ロレーヌによって提供された。彼女は武力蜂起する前の数週間にわたり、パリで多額の資金を集めた。貴族の夫人たちは財産管理において重要な役割を果たし、戦時中にはしばしば大きな自由を有していた。しかも、ギーズ家の領地ジョワンヴィルで開かれた秘密会議で、スペイン諜報員が謀反者たちにフェリペ二世の財政支援を確約していた。その見返りとして、ネーデルラントの反乱軍と戦い、イングランドへの侵攻を計画していたカトリック王〔フェリペ二世〕の利益を優先しなければならなかった。

実際に、スペイン軍がネーデルラントで大規模な軍事行動をおこなっていなければ、反乱は当時起こらなかったはずである。フェリペ二世の軍隊を指揮していたアレッサンドロ・ファルネーゼは、一五八四年にブリュッへ、イーペル、ヘントを奪還し、今度はブリュッセルとアントウェルペンを包囲した。ブリュッセルは一五八五年三月十日に、アントウェルペンは八月十七日に降伏した。カトリックの領土を取り戻そうという思惑があっただけでなく、フランスのネーデルラント介入を阻止する必要もあった。しかし、二月にネーデルラント連邦議会の代表者が国王に迎えられ、エペルノン公はスペインとの戦争を推し進めていた。さらに、反乱軍を支援していたイングランド女王も、フランス国王との結びつきを強めようとしていた。ギーズ家の武力蜂起によって、これらの裏工作はすべて失敗に終わったのである。

カトリーヌ・ド・メディシスは旧教同盟派に会うために、すぐさまシャンパーニュ地方に赴いた。カトリーヌはただちにギーズ家の要求を受け入れ、息子に対して和平王令を撤回するように迫った。それはたんに反乱軍を一刻も早く武装解除するためだったのか。それとも、王妃はついに異端を一掃する時が来たと思っていたのか。一五八五年七月に調印されたヌムール王令〔七月王令〕は、一五七七年と一五八〇年の王令を撤回するものであった。それは一五六八年のサン＝モール王令に匹敵する不寛容王令であった。牧師たちはただちに王国を去らなければならず、臣民はカトリックに改宗するか、さもなければ亡命を余儀なくされた。ナヴァル王アンリとその従兄コンデ公アンリは王位継承から除外されていた。九月、教皇シクストゥス五世は彼らを公式に破門した。

旧教同盟戦争は、伝統的に第八次宗教戦争とされているが、これまでの紛争とは比較できないほど長い年月にわたって展開された。国家総力戦ではなかったものの、結果として農業的および商業的システムが、これまでの戦争よりもはるかに深い混乱に陥った。大虐殺は起こらなかったものの、兵士たちが国中に住みつき、略奪行為は急増した。さらに農業情勢も悪く、一五八七年からはとくに南東部（プロヴァンス地方、ドーフィネ地方）で、伝染病がふたたび猛威を振るった。

そのうえ、どの党派もかつてないほど過激化しているように見えた。ユグノーたちは生き残りをかけて戦っていた。聖バルテルミーの日に殺害された提督の息子であるフランソワ・ド・コリニーは、一五八六年七月にラングドック地方で起きた王軍との戦いの後、降伏を申し出た敵たちを殺し、その行為を正当化した。彼は「神が奴らを殺したのであり、われわれが殺したのではない」[1]と妻に書いていた。一方、アンリ三世自身は、容赦なき戦いという考えに賛同していたようである。一五八六年八月、国王は国務卿ヴィルロワに次のような言葉を書いた。「ユグノーたちが死ねば死ぬほど、彼らの数は少なくなり、神は称えられるだろう」[2]。カトリーヌ・ド・メディシスも一五六七年、第二次宗教戦争が起きたとき、同じようなことを述べていた。

軍事行動は一五八七年に新たな展開を迎えた。ユグノーたちはヨーロッパ諸国の君主による財政支援を受けて、傭兵を雇うことが可能となった。シャンパーニュ地方総督であったギーズ公〔アンリ〕は、傭兵がナヴァル王に集結するのを防ぐために軍隊を率い、国王の寵臣アンヌ・ド・ジョワイユーズは、南西部のプロテスタント軍を鎮圧するための部隊を導いていた。ジョワイユーズはクートラでナヴァル王アンリに敗れて戦死した。一方、ギーズ公はボース地方のオノーとモンタルジ近くのヴィモリーで、ドイツ傭兵を壊滅させた。

これにより、ギーズ公アンリは二十五年前の父親〔ギーズ公フランソワ〕と同じように、パリを中心とするカトリック教徒から英雄視されつつあった。ギーズ公が首都を蜂起させることを恐れた国王はパリ帰還を禁じたが、ギーズ公はこれに従わなかった。そこでアンリ三世は、一五八八年五月十二日に軍隊をパリ市内に引き入れ、実力行使に出ようとした。民兵はただちに武装し、通りに鎖を張りめぐらしてバリケードを築き、兵士たちに戦闘をやめさせた。この「バリケードの日」の翌日、アンリ三世はシャルトルに逃げた。彼は二度とパリに戻るつもりはなかった。その結果、パリは一種の自治都市として機能することになった。新たな自治体が設けられ、バスティーユ要塞の指揮者として旧教同盟の司令官が配置された。王室の行動はみずから阻止しようとしていたことをふたたび招き、ついに十六区総代会《レ・セーズ》は思いがけないかたちで実力行使に成功したのである。

一五八八年七月十五日、国王は統一王令に調印したが、これは一五八五年のヌムール王令を追認するものであった。国王はさらにギーズ公アンリを王国総司令官に任命した。ギーズ公アンリは、かつて父親〔ギーズ公フランソワ〕がもっていた地位を手に入れることで、自分の目的を達成したのだろうか。むしろ彼は、たとえばフランス大元帥のような、もっと名誉ある称号を目指していたのではないか。あるいは、それ以上のものを熱望していたのかもしれない。

おそらくスペイン無敵艦隊がイングランド侵攻に失敗したことが、アンリ三世にふたたび主導権を握らせるきっかけになったのかもしれない。一五八八年九月初め、国王は治世の最初から自分を取り囲んでいた大臣たちを、もはや信頼できないという理由で解任した。彼は勢いに乗じて、一五七七年以来開かれていなかった全国三部会をブロワで召集した。国王はこの会議で自分の権威を取り戻すことを期待していたが、期待に反して議員の大半はギーズ公の支持者であり、とりわけ聖職者と第三身分が多かった。

一五八八年十月十六日、ギーズ公アンリは、人目を引く白繻子《しゅす》の衣服を身にまとい、フランス大侍従および王国総司令官として三部会の開会式に列席した。アンリ三世は会議の冒頭で演説をおこない、神の栄誉、臣民の利益、「国家」の改革に腐心していると述べた。彼は無秩序状態に終止符を打つべく、陳情書の作成にきちんと取り組むよう議員たちに求めるとともに、異端を根絶する決意を聴衆に伝えた。さらに国王は、統一王令が「撤回不能なる基本法[3]」としての価値をもつべく、会衆全員がこの王令に対して誓うことを提案した。これは十月十八日におこなわれた。カトリック信仰を正当とする法律が王国の最初の法として認められたのである。

二　国王の暗殺

アンリ三世は内心、すべての臣民が旧教のもとに再集結することをきっと望んでいたはずであり、カトリック教会の擁護を第一の任務と考えていたのかもしれない。ただし、彼は反乱分子に乗っ取られるのを許すことができなかった。一五八八年十二月二十三日および二十四日、アンリ三世は、ギーズ公アンリとその弟ギーズ枢機卿ルイを処刑させるという劇的なクーデターを成し遂げた。もしも側近たちが思いとどまらせていなかったら、彼はおそらくロレーヌ家の他の支持者たちも殺していたであろう。それは聖バルテルミーの虐殺の逆バージョンであった。

ギーズ兄弟の死は未曾有の衝撃を与えた。シャルル九世が一五七二年の虐殺直後にプロテスタントから残虐な暴君とみなされたように、国王もこれ以降、カトリックの大半から残虐な暴君とみなされるようになった。国王に対する憎しみは反対の陣営に移ったのである。

オルレアン、パリ、アミアンをはじめとして、多くの都市が蜂起した。それからディジョン、トゥールーズ、リヨン、ブールジュ、ナント、グルノーブル、サン＝マロあるいはマルセイユの順番となった。旧教同盟の組織は、ブロワで暗殺された王子たちの弟、マイエンヌ公シャルル・ド・ロレーヌを中心にして再編成された。連合評議会《コンセイユ・ド・リュニオン》がパリに設けられ、それから地方評議会《コンセイユ・プロヴァンサル》がいくつかの都市に設けられたが、旧教同盟は何よりも非常に自治的な都市による連合体であった。

旧教同盟のもっとも熱狂的な支持者にとって、アンリ三世はもはやフランス国王ではなかった。一五八九年一月七日、ソルボンヌの神学者たちは、統一王令の公布後になされた君主に対する忠誠と服従の誓いから民衆を解放し、ローマ教会の存続のために人々が武器を取ることを許可した。この措置はきわめて過激なものであった。それまでの誓いに代わって、神聖同盟《サント・ユニオン》という新たな誓いがなされることになった。よきカトリックの人々は、ローマ教会を滅ぼそうとする異端者から教会を守るべく、集団で軍隊に志願していた。司祭ジャン・ブーシェは、『ヴァロワ家アンリの生涯と名高き武功』という題の物語を書き、アンリ三世がその治世下におこなった悪行のすべてを語った。

ローマでは教皇シクストゥス五世が、カトリックの領主が殺されたことよりも、枢機卿が暗殺されたことに激怒していた。国王は、ローマ教会の敵たちを破門とする大勅書「主の晩餐《イン・コエナ・ドミニ》」に違反していたのである。五月、教皇は戒告状を発し、三十日以内に罪の赦免を求めに来なければ破門に処すと国王に伝えた。

　パリでは、雪上行進をはじめとする非常に派手な示威運動が一部でおこなわれ、説教師たちが「ヴァロワ家アンリ」に対する神の復讐を呼びかけていた。一方、アミアン、リヨン、グルノーブルなどの名士たちは、自分たちの身の安全を第一に考えていた。彼らはもともとカトリックであり、プロテスタントの王子が即位できるという考えに反対していたが、無秩序と騒乱を恐れていた。リヨンでは、市当局がイエズス会士のエモン・オージェにも説教をやめるよう促し、最後にオージェはリヨンを立ち去った。オルレアンでは非常に活発な旧教同盟のグループが存在した。このグループは、フランシスコ会士モーリス・イラレが設立した細帯信心会《コンフレリ・デュ・プチ＝コルドン》の内部で一五九〇年に結成された団体であり、市の名士たちがかなり穏健だったのに対して、司教の権威に公然と反抗していた。パリでもマイエンヌ公が、とりわけ過激な一部の聖職者たちや、さらにはオルレアン信心会のモデルとなったイエスの聖名信心会《コンフレリ・デュ・サン＝ノン＝ド＝ジェジュ》と和解しなければならなかった。

　トゥールに逃れたアンリ三世は、従弟のナヴァル王アンリと同盟を結んだ。それから王軍とユグノー軍はパリに向かった。首都では、旧教同盟派が恐ろしい罰を受けるだろうと予想していたが、一五八九年八月一日の朝、ジャック・クレマンという若いドミニコ会士が、サン＝クルー宮の王の広間に入れてもらうことに成功した。彼は国王に伝えるべき重大な情報があると言っていた。国王はこの修道士をごく気軽に迎えた。部屋には護衛が一人もいなかった。国王に手紙を差し出した後、クレマンは国王の下腹部を短刀で刺した。悲鳴を聞いて部屋に駆けつけた男たちによって殺人犯は殺された。アンリ三世は告解をおこない、教皇が求めることにはすべて従う覚悟ができていると宣言した後、夜中に死去した。

ジャック・クレマンの内的動機については不明であるが、彼はおそらく国王や王室に対して個人的な不満を抱いていたのかもしれない。その一方で、異常なほどの熱狂状態が首都を支配していたことは確かである。国王を退位させることはもちろん、殺すことも可能だという考えは、もはやタブーではなかった。後に旧教同盟の熱心な支持者となった弁護士ルイ・ドルレアンは、すでに一五六九年から国王シャルル九世に対して、カトリック教会の保護者としての責務を果たさなければ天罰が下ると脅していた。ところが、アンリ三世は教会の擁護者〔であるギーズ兄弟〕を暗殺した後、異端者たちと同盟を結んだ。国王は罰せられなければならなかったのである。

説教師たちは、フランスを暴君から解放した殉教者としてジャック・クレマンを礼賛した。クレマンの行動を神の奇跡とみなしたドミニコ会管区長エドム・ブルゴワンは、二週間にわたってユディト〔旧約聖書続編「ユディト記」に登場するユダヤ人女性で、アッシリア軍の総司令官ホロフェルネスを暗殺してベトリアの町を解放した」とベトリア解放を主題とした説教をおこなった。この聖職者はまた、『ヴァロワ家アンリの不思議な急死に関する本当の話』を書き、ジャック・クレマンがユディトと同じく、教会の敵を打倒するために神によって直接選ばれたと主張していた。

三　統治のための交渉――アンリ四世

アンリ三世の死は、プロテスタント王アンリ四世の即位という、旧教同盟派が何としても避けようとしていた事態を引き起こした。マイエンヌ公とその仲間たちはブルボン枢機卿を国王として認めたが、枢機卿は王軍に捕らえられ、数か月後に死去した。したがって、旧教同盟派は国王不在のまま過ごすことになり、マイエンヌ公が「フランス王国および王権の総司令官」という実体のない最高機関の首長を名乗っていた。

アンリ四世は、一五八九年九月にディエップ近くのアルクで旧教同盟軍の撃退に思わぬ成功を収めた後、一五九〇年三月十四日にドルーの北にあるイヴリーで決定的に打ち負かした。国王ははっきりわかるように派手な白い羽根飾りをつけていた。彼の伝説が生まれつつあった。いずれにせよ、このベアルン人〔アンリ四世〕がその軍事的才能により、それまで傍観者であった数々の領主たちの支持を得たことは確かである。アンリ四世は、経験豊かな将軍で勇敢な騎士であるだけでなく、みずからこそが正当なる王位継承者であり、神の手中にあることを確信している君主でもあった。そのため彼は、数の上で兵力が劣っていたとしても、危険に身をさらすことを恐れずに敵に立ち向かっていたのである。

それから新たな国王はパリを包囲した。この出来事はとりわけ困難をきたした。民兵たちは一部の傭兵と聖職者たちに支えられて、城壁と塹壕を守っていた。モンパンシエ公爵夫人〔カトリーヌ・ド・ロレーヌ〕がパリ市民の士気をかき立てる一方、スペイン大使とローマ教皇特使はきわめて貧しい人々に金銭を配っていた。一五九〇年七月一日の日曜日、大勢の群衆がパリの大聖堂に集まり、町が解放されたらノートル＝ダム＝ド＝ロレット教会に銀のランプと船を奉納するという厳粛な誓いを立てた。五月初めに始まった包囲は、スペイン軍の接近にともない、八月三十日から解かれた。

飢饉により多くの犠牲者が生じた。ごくわずかに入手できる穀物は、きわめて高価なものだった。一スティエ〔小麦の容量の旧単位で、パリでは約一五六リットルに相当〕の小麦は、内乱前夜には三〜五リーヴルだったのに対して、一五六二年には四〜九リーヴル、一五七三年には七〜二四リーヴル、さらに一五八七年には一一〜三六リーヴル（市場や月によって異なる）で売られていた。パリ包囲の最初の月である一五九〇年五月には、小麦は一スティエあたり二四〜三〇リーヴルで取り引きされていた。六月、七月、八月には、もはや売れるものがなくなり、市場に小麦が少し戻った九月一日には、一スティエあたり九〇リーヴルという最高値に達した。生き延びるためには犬や草を食べていた。この恐ろしい包囲によって、あらゆる世代の人々が大きなショックを受けたのである。

旧教同盟戦争は、もはや対立が広範囲に及んでいたため、とりわけ恐ろしいものであった。農村地帯は略奪をして暮らす小さな軍隊によって荒らされていた。一五九〇年代初頭には、トゥールーズ地方の村の約一割が住民によって見捨てられた。畑仕事を守り強盗に対抗するために、ピレネー山脈中央部だけでなくリムーザン地方やペリゴール地方でも、農村民兵が組織された。

アンリ四世は即位に際して、カトリックを安心させる必要があったため、宗教面で革新をおこなわないと約束した。しかしながら、一五九三年一月、旧教同盟派が新国王を選ぶためにパリで全国三部会を開催したとき、アンリ四世はカトリックに改宗するつもりはなかった。スペイン側は、アンリ二世とカトリーヌ・ド・メディシスの長女エリザベート・ド・フランス〔フェリペ二世の王妃〕の娘にあたる、王女イザベル＝クララ＝エウヘニアを〔王位継承の〕候補者として推薦した。サヴォイア公カルロ＝エマヌエーレも、母親マルグリット・ド・フランスがアンリ二世の妹であることから、王位を要求することができた。さらに、ロレーヌ公シャルル三世とアンリ二世の次女クロード・ド・フランスの息子、アンリ・ド・ロレーヌについても同様であった。

こうした脅威により、国王はシュレンヌでの会談において、一五九三年四月二十九日から旧教同盟派に休戦を申し入れることを余儀なくされた。旧教同盟派の意見は大いに分かれた。パリ高等法院の司法官たちはマイエンヌ公と袂を分かった。六月二十八日、高等法院長官ルメートルは、サリカ法典にもとづき王位継承権が女性に認められないとする決議を採択したが、これにより王女だけでなく外国の王子も継承権から除外された。もっとも熱狂的な市民からなる十六区総代会《レ・セーズ》は、こうした動きの中ですでに孤立していた。とはいえ、一部の人々はスペイン王を支持していた。たとえば、旧教同盟に賛同していたブルターニュ地方総督メルクール公〔フィリップ＝エマニュエル・ド・ロレーヌ〕は、フェリペ二世に忠誠を誓った。

一五九三年七月二十五日、アンリ四世はついにプロテスタンティズムを放棄した。サン＝ドニ大聖堂でおこなわれた儀式の際に、彼はブールジュ大司教ルノー・ド・ボーヌによってカトリックへの復帰を許された。しかし、教皇クレメンス八世がこの改宗を認め、十年前に破門されたかつての異端者に赦免を与えたのは、一五九五年秋のことであった。

改宗はすぐに影響を及ぼさなかったが、春におこなわれた停戦は、ある種の安堵のように感じられた。アンリ四世は、旧教同盟とその同盟国を軍事的に壊滅させることができなかったため、都市や領主の降伏を個別に交渉することで敵陣営を分裂させるという方法をとった。諸都市に特権を与えること、プロテスタント礼拝の禁止を確約すること、滞納している租税の支払いを免除すること、場合によっては税制改革を廃止すること、さらには旧教同盟が任命した官吏の留任を約束することが必要であった。最初に降伏した都市はモーであり、一五九四年一月四日のことだった。二月には、オルレアン、ブールジュ、ポントワーズ、リヨンがこれに続いた。こうした〔国王軍への〕集結は、総督（モー総督のヴィトリー、その叔父にあたるオルレアンおよびブールジュ総督のラ・シャトル、ポントワーズ総督のアランクール）が官職や賞与を得ることで、あるいは都市の代表者が国王と直接話し合うことで交渉が進められた。

都市の降伏に向けて大きな動きをもたらしたのは、カトリックへの改宗やそれに続くシャルトルでの戴冠式（一五九四年二月二十七日）よりも、総督ブリサックとの裏取引の後におこなわれた、国王による一五九四年三月二十二日のパリ入城である。三月末にはルーアンが降伏、四月にはル・アーヴル、オセール、トロワ、サンス、アブヴィル、ペロンヌが降伏、六月にはアジャン、マルマンド、バール＝シュル＝オーブ、ポワチエが降伏、七月にはリオン、シャトー＝ティエリー、サン＝フルール、ラン、ルテルが降伏、八月にはボーヴェ、モルレー、アミアンが降伏、十月にはサン＝ディジエとサン＝マロが降伏、十一月にランスが降伏した。これ以降、都市はもはやフランス王政の歴史を揺るがす要素ではなくなる。

一五九四年十一月、若きギーズ公のシャルル・ド・ロレーヌが降伏し、プロヴァンス地方総督に任命された。彼の叔父であるマイエンヌ公は、ラングドック地方総督で旧教同盟派のアンリ・ド・ジョワイユーズとともに、一五九六年一月のフォランブレ条約によって武器を捨てたが、その際にトゥールーズも降伏した。マルセイユは一五九六年二月十七日、旧教同盟の「独裁官」シャルル・ド・カゾーに対して反乱を起こした後、市門を開放した。カゾーは暗殺され、ギーズ公の軍隊が都市を制圧した。そしてついに、旧教同盟派の最後の君主で、おそらくブルターニュ公になることを夢見ていたメルクール公が、一五九八年三月に降伏した。

国王の仁慈は和平の成功に大いに役立った。壮大な復讐の連鎖は、ついに終わりを告げようとしていた。旧教同盟のうちでも非常に熱心な一部の人物、とくにアンリ三世の殺害の共犯者とされる人々だけが恩赦措置の対象から外された。それが一五九四年三月、百人ほどのパリ市民のケースである。六百人ほどの旧教同盟派が南ネーデルラントに亡命したが、スペインやイタリアに亡命した人々もいた。ギーズ公の従兄オマール公はブリュッセルに移住した後、ふたたびスペイン軍に仕えた。一方、司祭ジャン・ブーシェはトゥルネーの司教座聖堂参事会員になり、書くことでアンリ四世と戦い続けた。メルクール公はついに神聖ローマ皇帝に仕えることを決意し、皇帝のためにオスマン帝国と戦うべくハンガリーに赴いた。カトリック教会に身を捧げることが、メルクール公にとっての生涯の戦いであった。

アンリ四世は巧妙なやり方で、王国奪還を外敵すなわちスペインに対する戦いのように見せることに成功した。「よきフランス人」とよばれる人々は、宗派の違いを超えて団結し、王国を滅ぼす外国人に対抗しなければならないのだった。これこそコリニー提督が一五七二年に計画していたことであり、多くの貴族はこの計画に賛同していた。一五九五年一月、アンリ四世はフェリペ二世に対して公式に宣戦布告した。ついに一五九八年五月二日、スペインとの和平条約がヴェルヴァンで調印された。スペイン側はピカルディー地方とブルターニュ地方の占領地を返還しなければならなかった。一方、イタリアにおける最後のフランス領であったサルッツォ侯国は、サヴォイア公の支配下に置かれたままであった。しかし一六〇〇年、アンリ四世はこの損失を補うためにブレス地方とビュジェ地方を占領した。

四　共生――ナント王令の体制

一五九一年のマント王令以降、プロテスタントは一五七七年の王令〔ポワチエ王令〕を代表とする限定的な寛容政策の恩恵を受けてきた。すなわち、礼拝は当時（一五七七年九月に）おこなわれていた場所と、バイイ管区につき一都市の城外区域において認められていた。プロテスタントの名士たちは、寛容体制を王国全体に広めることを要求していた。ユグノーによる政治会議は、一五九六年四月からルーダン、ヴァンドーム、ソミュール、シャテルローにおいて、ほぼ定期的に開かれた。アンリ四世は、スペインと戦うためにかつての同宗信徒たちの支持が必要であったため、彼らに新たな王令を与えることにした。

一五九八年四月三十日にナントで調印された王令は、もともと九十五条で構成されていたが、一五九九年二月にパリ高等法院で登録される際には九十二条に削減された。これに五月二日付の五十六の個別条項が加わっていた。法文は「統一と和合、平穏と安寧、およびフランス国家全体における当初の壮麗さや繁栄や勢力の回復」[4]ための基盤とされていた。一五八五年以降に起こった出来事をすべて忘れるという前提のもとで、新たな時代が始まりつつあった。王令は信教の自由をふたたび認めていたが、ユグノーたちの期待に反して、礼拝の自由は制限されたままだった。礼拝が認められた場所は、上級裁判領主の邸宅、すでに一五九六年と一五九七年に定められていた場所、バイイ管区につき一都市の城外区域であった。プロテスタントに関する事件を裁くために、王令特別法廷《シャンブル・ド・レディ》と、カトリックとプロテスタントの司法官からなる新旧両派同数法廷《シャンブル・ミ＝パルティ》の設置が、パリ、トゥールーズ、ボルドー、グルノーブルの高等法院において認められていたが、後にルーアンが加えられた。約百五十都市が八年間にわたって改革派に〔避難地として〕与えられ、そのうち五十都市ほどは実際に安全保障地《プラス・ド・シュルテ》とされていた。個別条項には個々の都市と結んだ協定がふたたび記されており、たとえばパリとその周囲五里〔一里は約四キロ〕以内では、ナントやトゥールーズやディジョン、さらにはカンペールやコルヌアイユと同じように、改革派の礼拝が禁止されていた。それから、何よりも重要なことに、カトリックの礼拝をふたたび確立しなければならなかった。王国南部は反宗教改革の修道士たち、とりわけカプチン会士たちの布教の地となるはずであった。

ナント王令の規定は、それ自体としては少しも革新的ではなかった。とはいえ、この法文の大きな斬新さは、それまでの王令とは異なり、和平がすでに実現されていたことから、和平を保障するためのものではなかったという点にある。和平回復が始まっていたからこそ、この王令を実施することができたのである。

寛容体制は王政のカトリック的性質を問題視するものではなかった。とはいえ君主は、臣下が自分と異なる宗教に属しながらも自分に忠誠を尽くすことができる、という点を認めていた。要するに、いまや宗教が国家の中に包括されているのであり、国家が宗教の中に包括されているのではないのだ。そのことを説明していたのが、たとえばピエール・ド・ベロワである。この王室司法官は、サリカ法典こそが王政の基盤でなければならないという理由から、ベアルン人〔アンリ四世〕の王位継承権を支持していた。この法典は直接神に由来するものである以上、いかなる場合にも破棄されたり、別の法典が優先されたりすることはない。旧教同盟派とは、宗教を口実に自分たちの利益を押し通そうとする治安攪乱者にすぎない。これこそが「ポリティーク派」とよばれる人々の見解であった。この王党派の人々は、宗教的統一よりも社会秩序の保護が君主の第一の義務であると考えていた。

一方、旧教同盟派のうちでもっとも熱心な人々は、信徒団体の統一という理想に根強く固執していた。救いの希望は同じ儀式に参加することで集団的に経験され、教会の擁護を誓うことが国王に対する服従の条件とされていた。かつて旧教同盟を支持していた者の多数は、自分たちの救いが実現できるような新たな信心のありかたや修道会を推奨することに努めた。その顕著な例がアカリー夫人である。パリの熱心な旧教同盟派の妻であった彼女は、スペイン跣足カルメル会をフランス王国に紹介し、未亡人となった後、みずからカルメル会に入会した。
要するに、王党派カトリック、プロテスタント、旧教同盟派が、みなそれぞれの方法により、四十年にわたる内戦で破壊された世界を再建しなければならないという思いにかられていたのである。

訳注

（1）« Lettre de M. de Chastillon à sa femme (le 20 juillet 1586) », dans Jean Du Bouchet, *Preuves de l'histoire de l'illustre Maison de Coligny*, Paris, Jean Du Puis, 1662, p. 679.

（2）*Lettres de HENRI III, roi de France*, recueillies par Pierre Champion et Michel François, tome VII (21 mars 1585 - 31 décembre1587), Paris, Société de l'Histoire de France, 2012, p. 379.

（3）Fontanon, *Edicts et ordonnances*, tome IV, p. 731 ; Isambert, *Recueil général*, tome XIV, p. 650.

（4）Fontanon, *Edicts et ordonnances*, tome IV, p. 362 ; Isambert, *Recueil général*, tome XV, p. 172.

おわりに

宗教戦争は政治的に前例のない発言や実験がおこなわれた時代であった。印刷物は宣言書、政治論文、誹謗文書、宗教作品などの流布を可能にした。人々はきわめて深刻な時代に生きていると感じていたことから、回想録や家事日記といった個人的な著作だけでなく、都市史や郷土誌、通史（ラ・ポプリニエール、ドービニエ、ド・トゥー）なども流行した。モンテーニュも「つまらぬものを書きなぐるのは、どうやら乱世の兆候のごときものであるらしい。世の中が混乱におちいってからの、われわれの書きっぷりのすごさといったら、未曾有のものではないか」[1]と述べていた。全国三部会や地方三部会、諸都市における戸主会議、聖職者会議、牧師とカトリック教会代表者との討論会など、公的会議が増えた。

王や王女はれっきとした公人として批判を受け、時には憎悪の対象にもなった。プロテスタント、それから旧教同盟派は、君主と臣民との契約という考えにもとづく政治モデルを提案した。国王がもはや公益や宗教的統一の維持のために統治しない場合には、退位させることも可能とされていた。

大貴族は内乱において主要な役割を果たした。ユグノーたちは王族の指揮下に入っていたが、一五六七年以降、彼らの陣営はまさしく過激集団となって出現した。カトリック陣営では、旧教同盟派がその後の数年間にわたって同じことをくり返した。こうした貴族たちの結社と、政治を治安維持のための地域的な取り組みと考える都市運動との間に、隔たりが生じた。そのため、南フランスの多くの場所がプロテスタント陣営に転換し、北フランスをはじめとするその他の場所は旧教同盟に賛同したが、いずれもとくに自分たちの利益と自治を守ろうとしていた。そのうえ、民衆は受け身のままではなかった。一五九〇年代には、南フランスで耕作のための休戦条約が協議され、兵士の略奪から地域社会を守るために民兵が結成された。都市においても、地域の決定に参画して平和を守ろうとする住民たちの意志を示す示威運動がおこなわれた。このように宗教戦争は、フランス社会が著しい政治化を遂げる機会なのであった。

伝統的な社会秩序の基盤である家族は、紛争によって破壊されたかのように見えた。だからこそアンリ四世は、王国の父、後には一家の父としての地位を主張することで、秩序を回復させようと努めたのである。しかも旧教同盟は、外部の党派としてだけでなく、女性たちによる熱狂的な徒党、とりわけ一五八八年にブロワで殺されたギーズ公〔アンリ〕の妹にあたるモンパンシエ公爵夫人〔カトリーヌ・ド・ロレーヌ〕が率いる徒党として糾弾された。

アンリ四世は和平を受け入れさせるために、臣民の期待にかなう英雄的で男らしいイメージ、すなわち新たなヘラクレスというイメージを作り上げた。アンリ四世を描いた版画や絵画が多く作られたが、ほとんどのフランス人はこのときはじめて、自分たちの君主がどんな人物なのかを知ることができたのであろう。

国王はこれ以降、公的領域の占有を望んでいた。対話と交渉の時代は終わりつつあった。国王への服従は、神に対する服従の義務を模範としなければならなかった。和平回復にあたっての前提条件は、一五六〇年代初頭に開かれていた自由な言論空間を閉じることであった。一六二〇年代にジュネーヴに亡命していたプロテスタント、アグリッパ・ドービニェは、神の名のもとに身を投じて戦う時代が終わりつつあることに憤慨していた。「党派という言葉が軽蔑され、〈宗教的熱意〉とか〈神の大義〉とか、〈イスラエルの旗をふたたび掲げること〉とか、〈真理のために、先人たちの争いのために死すこと〉とか、かつての表現が廃されつつあった。これらはすべて〈国王への奉仕〉とか〈完全なる服従〉とか、〈混乱も起こさず、騒動も好まず、狂った熱情を抱くことのない、よきフランス人であること〉といった言葉に取って代わられていた。それ以外のことを望む者は、陰気で狂暴な人物とみなされた」[2]。

とはいえ、君主による政権収奪というプロセスの効果については過大評価してはならない。というのも、アンリ四世自身が狂信的なカトリックによって暗殺され、一六一〇年代には貴族の反乱が多発したからである。一六二一年以降、フランスはふたたび戦争に突入し、ついに一六二九年、アレス王令が調印された。この王令はナント王令の規定をくり返しつつも、プロテスタントから政治的・軍事的に集結する機会を完全に奪った。改革派教団は縮小し、多くの名士たちがローマ教会に戻った。

王国におけるプロテスタントはわずか五パーセントだったため、ルイ十四世は一六八五年にナント王令がもはや不要であると宣言することができた。プロテスタントに改宗を義務づけることにより、国王は礼拝の自由だけでなく、信教の自由も廃止した。彼らは亡命する権利までも奪われていた。一五六二年に開かれ、一五九八年に確保された新旧両派の共存空間は、ふたたび閉じられつつあった。太陽王〔ルイ十四世〕の政策はヨーロッパ中に衝撃を与えた。イギリス人やオランダ人、多くのドイツ人から見れば、この王は史上最悪の暴君だったのである。

訳注

（1）*Les Essais de Michel de Montaigne*, éd. Pierre Villey et Verdun-Louis Saulnier, Paris, P.U.F., 1965, p.946 (Livre III, chapitre 9).

（2）Agrippa d'Aubigné, *Histoire universelle*, tome X (1620-1622), éd. par André Thierry, Genève, Droz, 1999, p. 55 (Livre Cinquiesme, Chapitre III).

訳者あとがき

本書はNicolas Le Roux, *Les Guerres de Religion* (Coll. « Que sais-je ? » nº 1016, P.U.F., Paris, 2023) の全訳である。原題を直訳すれば『宗教戦争』となるが、文庫クセジュにはすでに同じタイトルの本（ジョルジュ・リヴェ『宗教戦争』二宮宏之・関根素子訳、一九六八年）が存在することから、書名は『フランスの宗教戦争』とした。

著者のニコラ・ル・ルー氏は、一九七〇年生まれ。パリ郊外サン・クルーの高等師範学校《エコール・ノルマル・シュペリウール》で学び、一九九七年にメーヌ大学（現ル・マン大学）で歴史学の博士号を取得。パリ第四大学ソルボンヌ校（現ソルボンヌ大学）准教授、リヨン第二大学教授を経て、二〇一五年にパリ第十三大学教授となり、現在にいたる。専門はフランス近世史で、とりわけ十六世紀から十七世紀初頭にかけての宮廷社会や貴族文化、国内政治や国際関係、戦争や暴力などを研究テーマとしており、主な著書として次のものがある。

・*La faveur du roi. Mignons et courtisans au temps des derniers Valois*, Seyssel, Champ Vallon, 2001.（『国王の寵愛――ヴァロワ朝末期における寵臣と宮廷人』）
・*Un régicide au nom de Dieu. L'assassinat d'Henri III (1er août 1589)*, Paris, Gallimard, 2006.（『神の名による弑逆――アンリ三世の暗殺』）
・*Les guerres de Religion, 1559-1629*, Paris, Belin, 2009.（『宗教戦争――一五五九～一六二九年』）
・*Le Roi, la Cour, l'État : de la Renaissance à l'absolutisme*, Seyssel, Champ Vallon, 2013.（『ルネサンス期から絶対主義期までの国王、宮廷、国家』）
・*Le Crépuscule de la chevalerie. Guerre et noblesse au siècle de la Renaissance*, Ceyzérieu, Champ Vallon, 2015.（『騎士道の黄昏――ルネサンス期における戦争と貴族階級』）
・*1515. L'invention de la Renaissance*, Paris, Armand Colin, 2015.（『一五一五年――ルネサンスの誕生』）
・*Portraits d'un royaume. Henri III, la noblesse et la Ligue*, Paris, Passés Composés, 2020.（『王国の肖像――アンリ三世、貴族階級と旧教同盟』）

本書は、十六世紀フランスの宗教戦争であるユグノー戦争（一五六二〜一五九八年）を扱った解説書である。前史となる宗教改革運動の台頭に始まり、八次にわたる戦争を経てナント王令の発布にいたるまでの歴史的な流れが、当時のさまざまな史料に記された証言やエピソードを随所に交えながら、ダイナミックかつ鮮明に描き出されている。

一般的に宗教戦争といえば、宗教的問題から生じた戦争や紛争のことであるが、歴史学的な狭義においては、十六世紀および十七世紀のヨーロッパ各地で起こったキリスト教の新旧両派による武力抗争を意味する。初期の例としては、スイスの宗教改革者ツヴィングリがみずから武器を取ったカッペル戦争（一五二九年、一五三一年）や、ドイツのプロテスタント諸侯が皇帝率いるカトリック勢力と争ったシュマルカルデン戦争（一五四六〜一五四七年）がある。しかし、これらの二例に比べると、ユグノー戦争はその期間や規模だけでなく、原因や背景といった点でも明らかに異なる。というのも、フランス国内では宗派対立に絡み合うかたちで、有力貴族たち（ロレーヌ地方に地盤をもつ急進的カトリックのギーズ家、ナヴァル王国を領するブルボン家、全国に多くの封地をもち数々の高官を輩出するモンモランシー家など）による権力争いがくり広げられ、しかもカトリック陣営にはスペインと教皇庁が、ユグノー陣営にはイギリスやドイツのプロテスタント諸侯やデンマークが加担していたからである。本書では、そうしたユグノー戦争における錯綜した利害関係や敵対関係が、当時の宗教思想や社会的階層、国内政治や国際情勢といった幅広い側面から解き明かされている。

他方で、ユグノー戦争がフランス国内にもたらした対立や混乱は、人々の政治的意識を高め、王や国家をめぐる新たな論考が生み出される契機となった。その代表例ともいえるのが、ユグノー陣営による暴君放伐論、穏健的カトリックのポリティーク派による王権擁護論、あるいは十六世紀末以降のクーデター論や国家理性論などである。とりわけポリティーク派は、平和回復と王国統一のために寛容政策の必要性を説いたが、その結果として制定されたのがナント王令である。本書では、こうした王政論や国家観の数々が簡潔かつ明快に説明されている。ユグノー戦争が近代ヨーロッパの政治思想に与えた影響をそこに読みとることもできよう。

このようにユグノー戦争下のフランスでは、流血の惨事がくり返されつつも、よき君主とは何か、正しい政治とは何か、異宗派同士の共存はいかにして可能か、などの問題をめぐって、理論と実践の両面からさまざまな検証がなされた。宗教的寛容や信教の自由、よき政治のありかたがしばしば論じられる二十一世紀においても、フランスの宗教戦争は貴重な歴史的教訓を示唆しつづけているのである。

本書の翻訳にあたっては、二〇二三年刊の第三版を用い、著者による補足は［　］、訳者による補足説明は〔　〕で示した。人名や地名などの表記については、原則として慣例に従った。さらに、歴史的な予備知識をもたない読者にも理解しやすいように、地図・関連家系図・略年表などの参考資料を巻末に加えたほか、本文中の引用文に関する出典や書誌情報を訳注に記した。なお、巻末の日本語参考文献は、翻訳に際して訳者が直接参照したものであり、網羅的な文献目録ではない。

最後に、本書の翻訳作業にあたっては、白水社編集部の小川弓枝氏に大変お世話になった。この場を借りて深く感謝の意を表したい。

二〇二三年七月

久保田　剛史

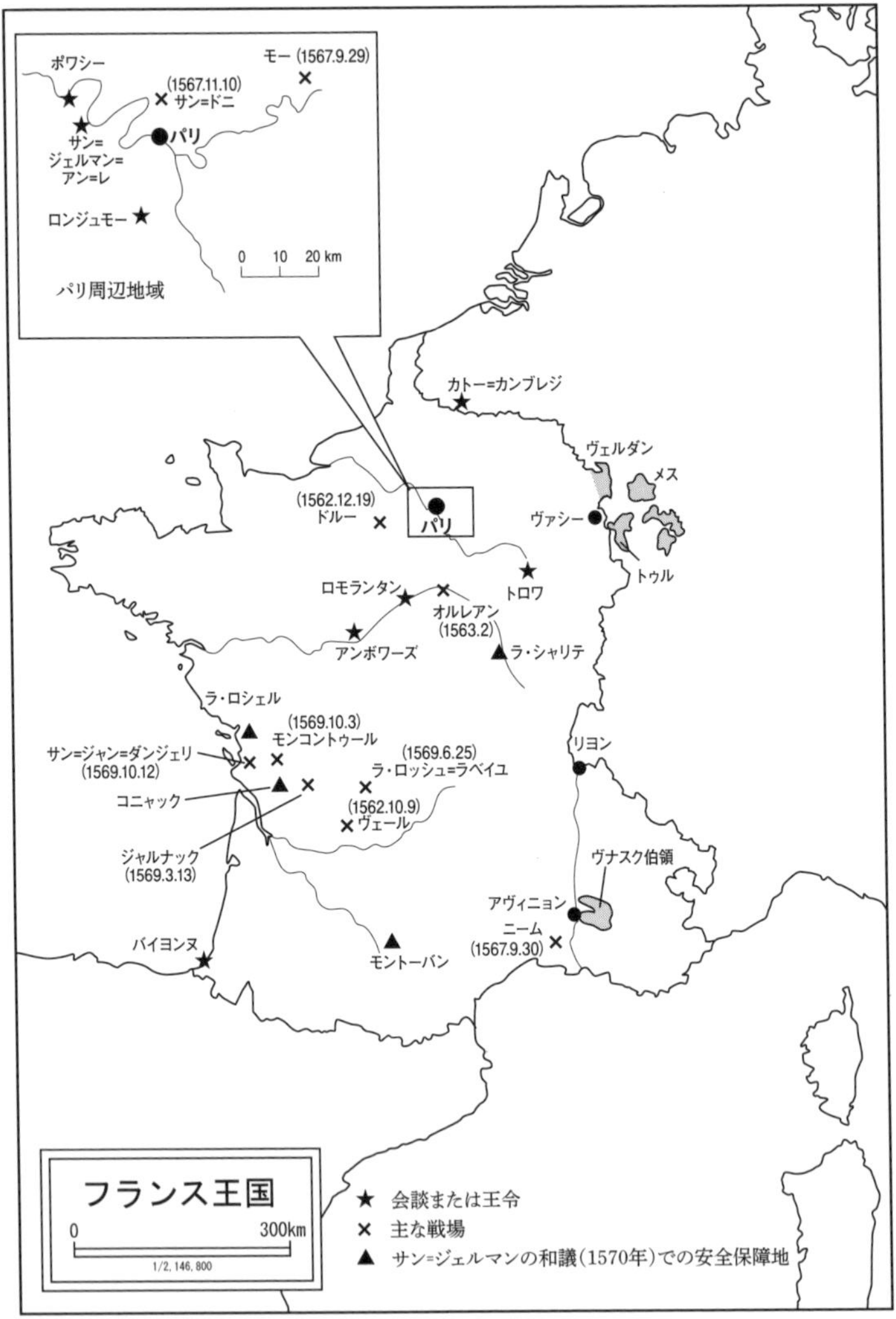

地図１（1559〜1570年）

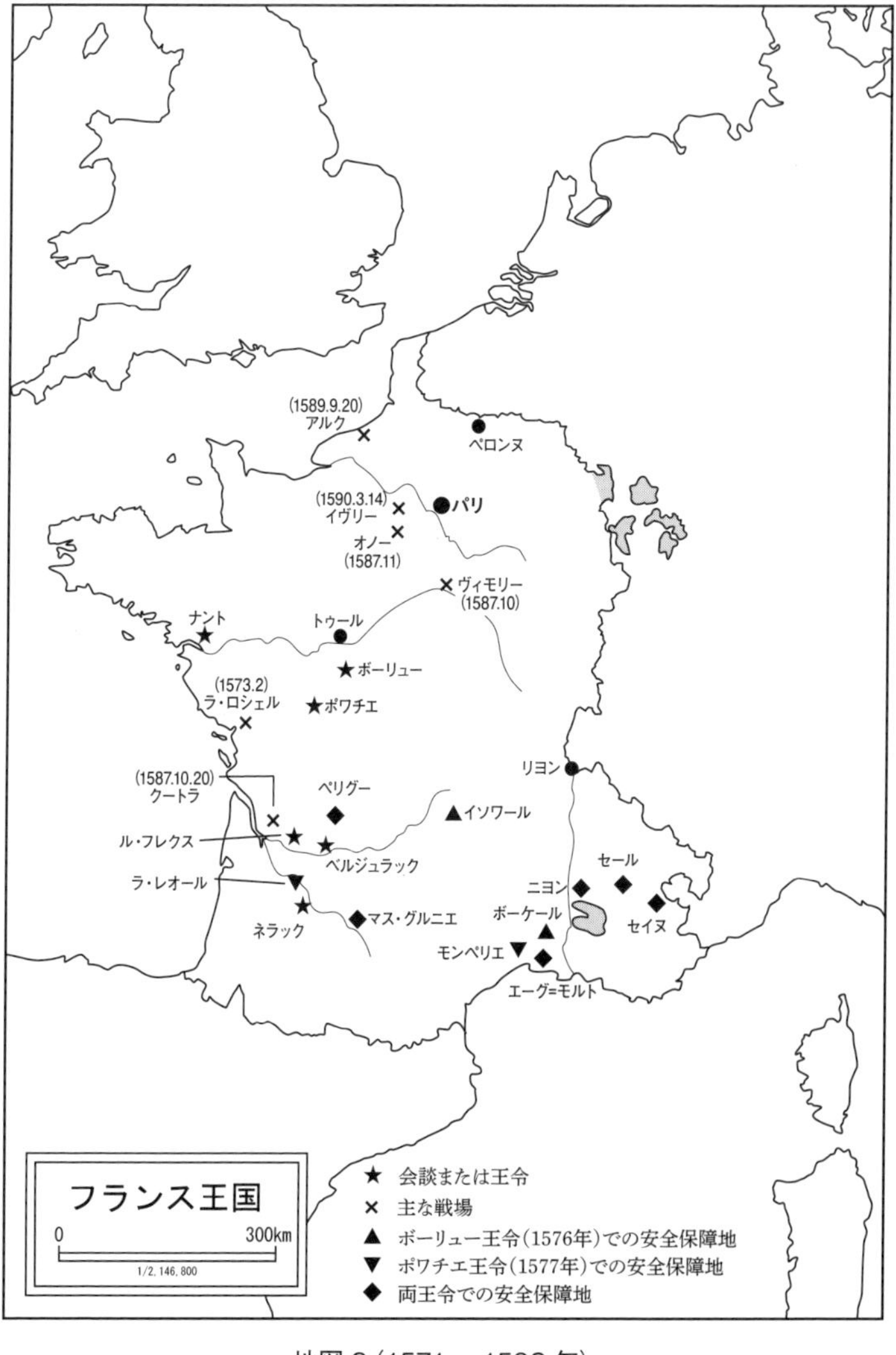

地図 2（1571 ～ 1598 年）

関連家系図１（括弧内は生没年）

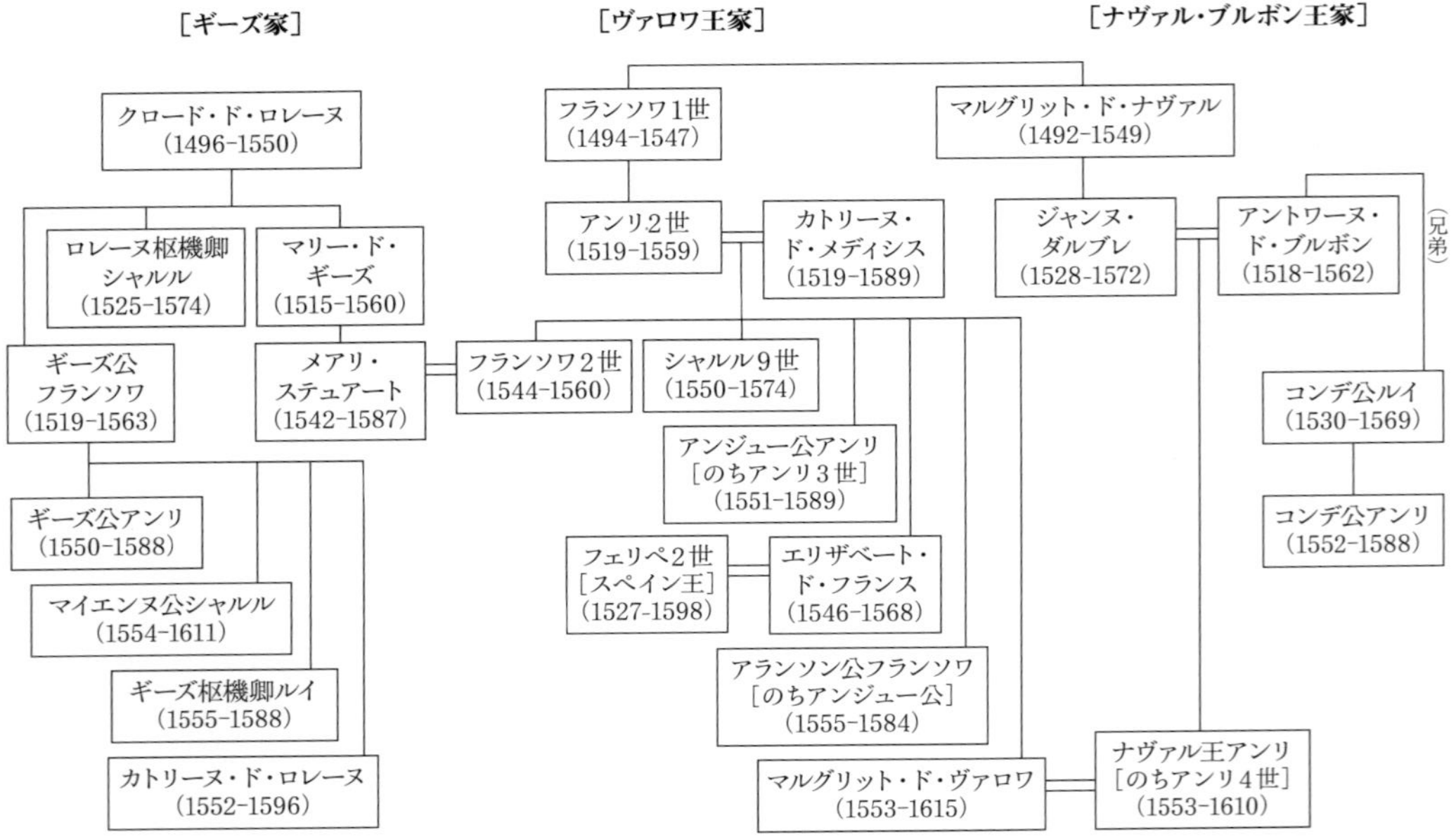
［ギーズ家］
クロード・ド・ロレーヌ（1496-1550）
ロレーヌ枢機卿シャルル（1525-1574）
マリー・ド・ギーズ（1515-1560）
ギーズ公フランソワ（1519-1563）
メアリ・ステュアート（1542-1587）
ギーズ公アンリ（1550-1588）
マイエンヌ公シャルル（1554-1611）
ギーズ枢機卿ルイ（1555-1588）
カトリーヌ・ド・ロレーヌ（1552-1596）
［ヴァロワ王家］
フランソワ1世（1494-1547）
アンリ2世（1519-1559）
カトリーヌ・ド・メディシス（1519-1589）
フランソワ2世（1544-1560）
シャルル9世（1550-1574）
アンジュー公アンリ［のちアンリ3世］（1551-1589）
フェリペ2世［スペイン王］（1527-1598）
エリザベート・ド・フランス（1546-1568）
アランソン公フランソワ［のちアンジュー公］（1555-1584）
マルグリット・ド・ヴァロワ（1553-1615）
［ナヴァル・ブルボン王家］
マルグリット・ド・ナヴァル（1492-1549）
ジャンヌ・ダルブレ（1528-1572）
アントワーヌ・ド・ブルボン（1518-1562）
（兄弟）
コンデ公ルイ（1530-1569）
コンデ公アンリ（1552-1588）
ナヴァル王アンリ［のちアンリ4世］（1553-1610）

関連家系図２（括弧内は生没年）

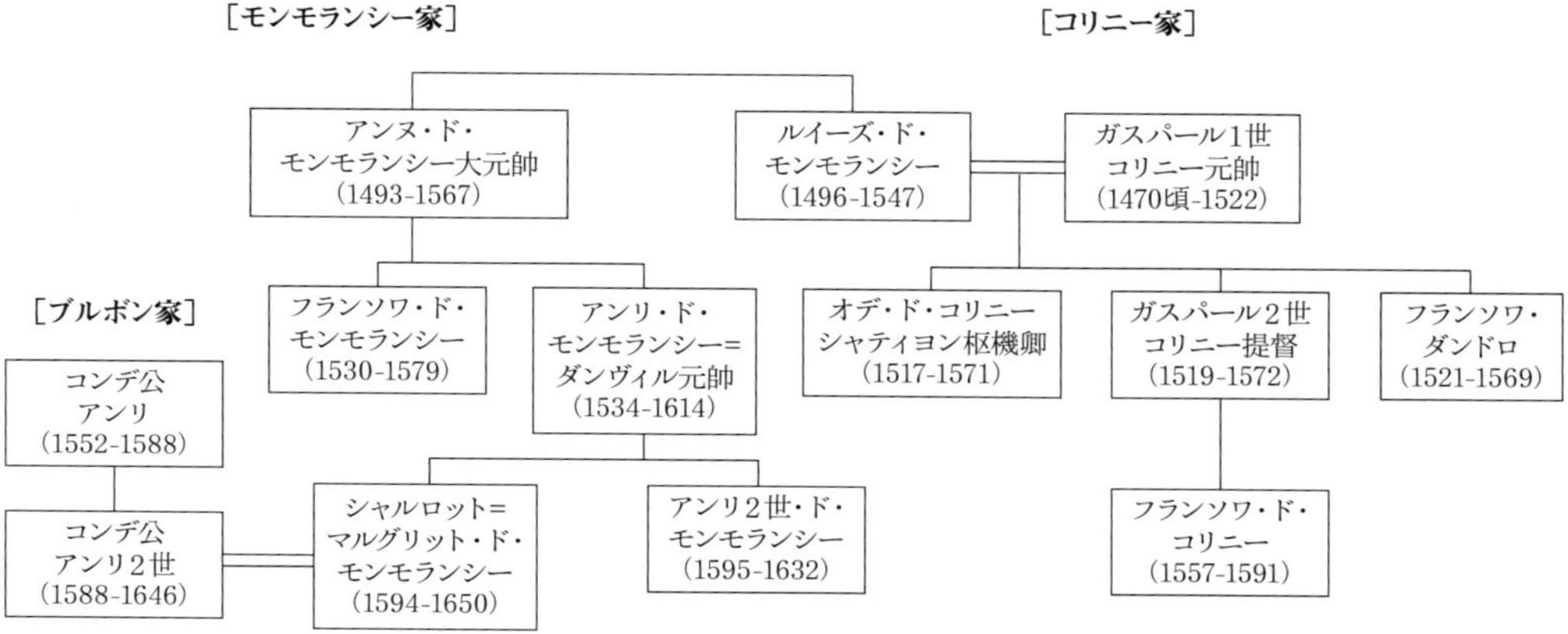

［モンモランシー家］
［コリニー家］
［ブルボン家］
アンヌ・ド・
モンモランシー大元帥
（1493-1567）
ルイーズ・ド・
モンモランシー
（1496-1547）
ガスパール１世
コリニー元帥
（1470頃-1522）
フランソワ・ド・
モンモランシー
（1530-1579）
アンリ・ド・
モンモランシー＝
ダンヴィル元帥
（1534-1614）
オデ・ド・コリニー
シャティヨン枢機卿
（1517-1571）
ガスパール２世
コリニー提督
（1519-1572）
フランソワ・
ダンドロ
（1521-1569）
コンデ公
アンリ
（1552-1588）
コンデ公
アンリ２世
（1588-1646）
シャルロット＝
マルグリット・ド・
モンモランシー
（1594-1650）
アンリ２世・ド・
モンモランシー
（1595-1632）
フランソワ・ド・
コリニー
（1557-1591）

著者略歴
ニコラ・ル・ルー（Nicolas Le Roux）
パリ第4大学ソルボンヌ校（現ソルボンヌ大学）准教授、リヨン第2大学教授を経て、現在、パリ第13大学教授。専門はフランス近世史。主な著書に *Le Crépuscule de la chevalerie. Guerre et noblesse au siècle de la Renaissance*（『騎士道の黄昏 ── ルネサンス期における戦争と貴族階級』）、*1515. L'invention de la Renaissance*（『1515年──ルネサンスの誕生』）、ほか多数。

訳者略歴
久保田剛史（くぼた・たけし）
青山学院大学教授。著書に *Montaigne lecteur de la Cité de Dieu d'Augustin*、編著書に『モンテーニュの言葉　人生を豊かにする365の名言』、訳書にL･ドヴィレール『思想家たちの100の名言』、T・レーマー『100語でわかる旧約聖書』など。

参考文献

I. 原著者によるフランス語文献

Amalou Thierry, *Le Lys et la Mitre. Loyalisme monarchique et pouvoir épiscopal pendant les guerres de Religion (1580-1610)*, Paris, Éditions du CTHS, 2007.

Boltanski Ariane, « Forger le “soldat chrétien”. L’encadrement catholique des troupes pontificales et royales en France en 1568-1569 », *Revue historique*, n° 669, 2014, p. 51-85.

Bourquin Laurent, « Les défis des guerres de religion (1559-1610) », in Cornette Joël (dir.), *La Monarchie entre Renaissance et Révolution (1515-1792)*, Paris, Seuil, 2000.

Brunet Serge, « De l’Espagnol dedans le ventre ! *La Monarchie entre Renaissance et Révolution (1515-1792)* », *Les Catholiques du Sud-Ouest de la France face à la Réforme (vers 1540-1589)*, Paris, Honoré Champion, 2007.

Carpi Olivia, *Les Guerres de Religion (1559-1598). Un conflit franco-français*, Paris, Ellipses, 2012.

Cassan Michel, *Le Temps des guerres de Religion. Le cas du Limousin (vers 1530-vers 1630)*, Paris, Publisud, 1996.

Christin Olivier, *Une Révolution symbolique. L’iconoclasme huguenot et la reconstruction catholique*, Paris, Minuit, 1991.

—, *La Paix de Religion. L’autonomisation de la raison politique au XVIe siècle*, Paris, Seuil, 1997.

Constant Jean-Marie, *La Ligue*, Paris, Fayard, 1996.

—, *Les Français pendant les guerres de Religion*, Paris, Hachette, 2002.

Crouzet Denis, *Les Guerriers de Dieu. La violence au temps des troubles de religion (vers 1525-vers 1610)*, Seyssel, Champ Vallon, 1990, 2 vol.

—, *La Nuit de la Saint-Barthélemy. Un rêve perdu de la Renaissance*, Paris, Fayard, 1994.

—, *Le Haut Cœur de Catherine de Médicis. Une raison politique aux temps de la Saint-Barthélemy*, Paris, Albin Michel, 2005.

—, *Dieu en ses royaumes. Une histoire des guerres de Religion*, Seyssel, Champ Vallon, 2008.

Daubresse Sylvie, *Le Parlement de Paris ou la voix de la Raison (1559-1589)*, Genève, Droz, 2005.

Daubresse Sylvie, Haan Bertrand (dir.), *La Ligue et ses frontières. Engagements catholiques à distance du radicalisme à la fin des guerres de Religion*, Rennes, PUR, 2015.

Daussy Hugues, *Les Huguenots et le roi. Le combat politique de Philippe Duplessis-Mornay (1572-1600)*, Genève, Droz, 2002.

—, *Le Parti huguenot. Chronique d'une désillusion (1557-1572)*, Genève, Droz, 2014.

Debbagi Baranova Tatiana, *À coups de libelles. Une culture politique au temps des guerres de religion (1562-1598)*, Genève, Droz, 2012.

Desan Philippe, *Montaigne. Une biographie politique*, Paris, Odile Jacob, 2014.

Descimon Robert, *Qui étaient les Seize ? Mythes et réalités de la Ligue parisienne (1585-1594)*, Paris, Klincksieck, 1983.

Descimon Robert, Ruiz Ibañez José Javier, *Les Ligueurs de l'exil. Le refuge catholique français après 1594*, Seyssel, Champ Vallon, 2005.

De Waele Michel, *Réconcilier les Français. La fin des troubles de religion (1589-1598)*, Paris, Hermann, 2015 (2e éd.).

Durot Éric, *François de Lorraine, duc de Guise entre Dieu et le Roi*, Paris, Classiques Garnier, 2012.

Foa Jérémie, *Le Tombeau de la paix. Une histoire des édits de pacification (1560-1572)*, Limoges, Pulim, 2015.

Gal Stéphane, *Grenoble au temps de la Ligue. Étude politique, sociale et religieuse d'une cité en crise (vers 1562-vers 1598)*, Grenoble, PUG, 2000.

Gellard Matthieu, *Une reine épistolaire. Lettres et pouvoir au temps de Catherine de Médicis*, Paris, Classiques Garnier, 2014.

Holt Mack P., *The French Wars of Religion (1562-1629)*, Cambridge, CUP, 2005 (2e éd.).

Jouanna Arlette et alii, *Histoire et dictionnaire des guerres de religion*, Paris, Robert Laffont, 1998.

Jouanna Arlette, *La Saint-Barthélemy. Les mystères d'un crime d'État*,

Paris, Gallimard, 2007.
—, *Le Pouvoir absolu. Naissance de l'imaginaire politique de la royauté*, Paris, Gallimard, 2013.
Le Roux Nicolas, *Un régicide au nom de Dieu. L'assassinat d'Henri III (1er août 1589)*, Paris, Gallimard, 2006.
—, *Les Guerres de Religion (1559-1629)*, Paris, Belin, 2009.
—, *Le Roi, la Cour, l'État, de la Renaissance à l'absolutisme*, Seyssel, Champ Vallon, 2013.
Micallef Fabrice, *Un désordre européen. La compétition internationale autour des affaires de Provence (1580-1598)*, Paris, Publications de la Sorbonne, 2014.
Murdock Graeme, Roberts Penny, Spicer Andrew (dir.), *Ritual and Violence : Natalie Zemon Davis and Early Modern France (Past & Present Supplement 7)*, Oxford, OUP, 2012.
Nassiet Michel, *La Violence, une histoire sociale. France (XVIe XVIIIe siècle)*, Seyssel, Champ Vallon, 2011.
Pierre Benoist, *La Monarchie ecclésiale. Le clergé de cour en France à l'époque moderne*, Seyssel, Champ Vallon, 2013.
Roberts Penny, *Peace and Authority during the French Religious Wars (c. 1560-1600)*, Basingstoke, Palgrave Macmillan, 2013.
Souriac Pierre-Jean, *Une guerre civile. Affrontements religieux et militaires dans le Midi toulousain (1562-1596)*, Seyssel, Champ Vallon, 2008.
Tallon Alain, *L'Europe au XVIe siècle. États et relations internationales*, Paris, PUF, 2010.
Tulchin Allan A., *That Men Would Praise the Lord : The Triumph of Protestantism in Nîmes, 1530-1570*, Oxford, OUP, 2010.

Ⅱ. 訳者による日本語文献

桐生操『王妃マルグリット・ド・ヴァロア――フランス宮廷の悪の華』、PHP文庫、2003年
桐生操『王妃カトリーヌ・ド・メディチ――ルネッサンスの悪女』、PHP文庫、2003年
佐藤賢一『ヴァロワ朝』、講談社現代新書、2014年
佐藤賢一『ブルボン朝』、講談社現代新書、2019年

柴田三千雄・樺山紘一・福井憲彦（編）『世界歴史大系　フランス史2――16世紀～19世紀なかば』、山川出版社、1996年
西本晃二『ルネッサンス史』、東京大学出版会、2015年
二宮宏之・阿河雄二郎（編）『アンシアン・レジームの国家と社会――権力の社会史へ』、山川出版社、2003年
長谷川輝夫『聖なる王権ブルボン家』、講談社選書メチエ、2002年
渡辺一夫『フランス　ルネサンス断章』、岩波新書、1950年
渡辺一夫『戦国明暗二人妃』、中公文庫、1988年
フィリップ・エルランジェ『聖バルテルミーの大虐殺』、磯見辰典編訳、白水社、1985年
ジャン・オリユー『カトリーヌ・ド・メディシス――ルネサンスと宗教戦争（上・下）』、田中梓訳、河出書房新社、1990年
オリヴィエ・クリスタン『宗教改革』、佐伯晴郎監修、創元社、1998年
フランソワ・バイルー『アンリ四世――自由を求めた王』幸田礼雅訳、新評論、2000年
ジュール・ミシュレ『フランス史IX　宗教戦争』、桐村泰次訳、論創社、2022年
ジョルジュ・リヴェ『宗教戦争』、二宮宏之・関根素子訳、白水社文庫クセジュ、1968年

フランス宗教戦争略年表

年代	事項	
1555	9月	パリで最初の改革派教会を創設。
1557	9月4日	サン=ジャック通り事件:反ユグノーの蜂起、新教徒の大量虐殺。
1558	5月13日	プレ・オ・クレール事件:新教徒の示威行進。
1559	4月2日	アンリ2世、スペイン王フェリペ2世とカトー=カンブレジ条約を締結:イタリア戦争終結。
	5月	改革派、パリで第1回全国教会会議を開催。
	7月10日	アンリ2世、6月30日に行われた馬上槍試合の事故が原因で死去。フランソワ2世即位(~60年)。
1560	3月	アンボワーズの陰謀:ユグノーによる国王略取計画の失敗。
	5月	ロモランタン王令:異端弾圧の緩和を布告。
	12月5日	フランソワ2世病死、シャルル9世即位(~74年)。王母カトリーヌ・ド・メディシスによる摂政。
	12月13日	オルレアンで全国三部会が開催(~61年1月31日)。
1561	7月	1561年7月王令:ロモランタン王令の再確認、集会の禁止。
	9月	ポワシー会談(~10月):新旧両派による会談。
1562	1月17日	サン=ジェルマン王令:新教徒に都市外・私邸での礼拝を承認。
	3月1日	ギーズ公軍、ヴァシーで新教徒を虐殺:**第1次宗教戦争開始**。
	9月22日	ハンプトンコートの協約:英女王エリザベス、新教徒のコンデ公に軍事援助を約す。フランスの新教徒、エリザベスにル・アーヴルの譲渡を約す。

年代	事項	
	12月19日	ドルーの戦い:旧教軍、コンデ公を捕虜にする。新教軍、サン=タンドレ元帥を殺害し、モンモランシー大元帥を捕虜にする。
1563	2月18日	ギーズ公フランソワ、オルレアン包囲戦で負傷し24日に死亡:新教軍が優勢となる。
	3月19日	アンボワーズ王令:ユグノーの既得権を承認。**第1次宗教戦争終結。**
	7月27日	フランス軍、ル・アーヴルを奪回し、イギリス軍撤退。
1564	1月24日	シャルル9世、カトリーヌ・ド・メディシスとともにフランス大巡幸に出発(~66年5月)。
	4月11日	トロワ条約:イングランド、ヨーロッパ大陸の領有権を放棄。
1565	6月14日	カトリーヌ、フェリペ2世の使者アルバ公とバイヨンヌで会談:新教徒の撲滅を議す(~7月2日)。
1567	9月28日	モーの奇襲:ユグノー派、国王略取を企てる。**第2次宗教戦争開始。**新教軍がパリを包囲し、市内の食糧欠乏。
	11月10日	サン=ドニの戦い:旧教軍がパリの包囲を解く。
	11月12日	旧教軍の指導者モンモランシーが戦死。アンジュー公アンリ〔後のアンリ3世〕が指揮をとる。
1568	3月23日	ロンジュモーの和議:1563年のアンブロワーズ王令が復活。**第2次宗教戦争終結。**
	8月23日	ユグノー派のコンデ公とコリニー提督、ラ・ロシェルに籠城。**第3次宗教戦争開始。**
1569	3月13日	ジャルナックの戦い:新教軍の敗北、コンデ公の戦死。
	10月3日	モンコントゥールの戦い:新教軍の敗北。
	10月12日	サン=ジャン=ダンジェリの包囲戦:新教軍が勢力を挽回し、国王軍が窮地に立つ(~12月2日)。

年代		事項
1570	8月8日	サン=ジェルマンの和議:ユグノーが4つの安全保障地を得る。**第3次宗教戦争終結**。
1571	4月2日	改革派、ラ・ロシェルで全国教会会議を開き、信仰告白を採択。
	9月12日	コリニー提督、シャルル9世と和解して宮廷に復帰。
1572	8月18日	ナヴァル王アンリと王妹マルグリット・ド・ヴァロワの婚儀。ユグノー貴族、儀式参列のためにパリに集まる。
	8月24日	聖バルテルミーの虐殺:コリニー提督ら有力ユグノーが殺害。**第4次宗教戦争開始**。ユグノー虐殺が各地に波及。ユグノー派、ラ・ロシェルに籠城して王権に対抗。
1573	2月	アンジュー公アンリ、ラ・ロシェルを包囲(~7月)。
	7月11日	ブーローニュ王令:信教の自由は認められたが、礼拝の自由は制限される。**第4次宗教戦争終結**。
	12月16日	王令に不満の改革派、ミヨーで全国政治会議を開催:「南フランス連邦共和国」を構想して独自の政治・軍事組織を強化。
1574	2月	ユグノー派、シャルル9世の誘拐を計画するが失敗。各地でユグノーの蜂起。**第5次宗教戦争開始**。
	5月30日	シャルル9世死去、アンリ3世即位(~89)。
1575	9月15日	王弟アランソン公フランソワ、王宮から脱出し、南フランスのユグノー派と合流。
1576	2月5日	ナヴァル王アンリ、新教に改宗しアンリ3世に対抗。
	5月6日	ボーリュー王令(王弟殿下の和平):ユグノーが8つの安全保障地を得る。**第5次宗教戦争終結**。 カトリックの過激派、ギーズ公アンリのもとに旧教同盟を結成。

年代		事項
	12月6日	ブロワで全国三部会が開催。第6次宗教戦争開始。
1577	9月17日	ベルジュラックの和議。第6次宗教戦争終結。
	9月18日	ポワチエ王令:改革派の権利が制限される。南フランスのユグノー蜂起。
1579	2月28日	ネラック協定:ユグノーに対する妥協策として、新たな安全保障地を6か月間認める。
	11月29日	コンデ公、協定不履行を理由にラ・フェールを占領。第7次宗教戦争開始。
1580	11月26日	ル・フレクスの和議。第7次宗教戦争終結。
1584	6月15日	王弟アンジュー公フランソワ死去:ユグノーの指導者ナヴァル王アンリに王位継承権が移る。
	12月31日	ジョワンヴィル協定:スペイン王フェリペ2世、旧教同盟への財政援助を約す。
1585	3月30日	ギーズ家率いる旧教同盟、「ペロンヌ宣言」を発表:国王はカトリック教徒たるべきことを主張。ナヴァル王アンリの王位継承権を否定。
	7月18日	七月王令:6か月以内に改宗しない新教徒の国外追放を規定。第8次宗教戦争開始。
	12月21日	教皇シクストゥス5世、ナヴァル王アンリを破門。
1587	10月20日	クートラの戦い:ナヴァル王アンリ、アンリ3世軍を破る。
	10-11月	ヴィモリー、オノーの戦い:ギーズ公、ドイツ傭兵からなる新教派救援軍を破る。
1588	5月9日	ギーズ公アンリ、パリに入城。アンリ3世、入城を阻止すべく市内に軍隊を配置。
	5月12日	バリケードの日:パリ市民、ギーズ公を支持して蜂起。アンリ3世、パリから逃亡。

年代		事項
	7月15日	統一王令：ギーズ公アンリを王国総司令官に任命。
	10月16日	ブロワで全国三部会が開催。
	12月23日	アンリ3世、全国三部会に出席したギーズ公アンリとその弟ギーズ枢機卿ルイを暗殺させる(~12月24日)。マイエンヌ公が旧教同盟の指導者となり、アンリ3世に対抗。
1589	1月5日	カトリーヌ・ド・メディシス死去。
	4月3日	アンリ3世、ナヴァル王アンリと和解し、共同で旧教同盟に対抗することを盟約。
	8月1日	アンリ3世、ドミニコ会士のジャック・クレマンに暗殺される：ヴァロワ朝断絶。
	8月2日	ナヴァル王アンリ、アンリ4世として新王を宣言。旧教同盟はこれを否認し、ブルボン枢機卿を新王に立てるが翌年に死去(90年5月9日)。
	9月20日	アルクの戦い：アンリ4世、旧教同盟軍を破る(~9月21日)。 内乱により経済が混乱、物価高騰が続く。
1590	3月14日	イヴリーの戦い：アンリ4世、旧教同盟軍を破ってパリに接近。
	5月7日	アンリ4世、パリを包囲(~8月)：過激派カトリックの十六区総代会、パリを支配して抗戦。
	9月1日	フェリペ2世が派遣したスペイン軍、パリに到着。アンリ4世、パリの包囲を解く。
1591	7月4日	アンリ4世、マント王令によって限定的な寛容政策を実施。
1593	1月26日	旧教同盟のマイエンヌ公、パリで全国三部会を召集。
	4月29日	アンリ4世、シュレーヌ会談で自らの改宗問題について討議。

年代	事項	
	7月25日	アンリ4世、サン=ドニ大聖堂でカトリックに改宗。
1594	1月4日	モーを皮切りに、オルレアン、ブールジュ、リヨンなどがアンリ4世に帰順(~2月)。
	2月27日	アンリ4世、シャルトルで戴冠式。
	3月22日	アンリ4世、パリに入城:スペイン軍を追放。
	3月27日	ルーアン、ル・アーヴル、ポワチエなどもアンリ4世に帰順(~6月)。
	7月	旧教同盟の最後の牙城ラン陥落:ブルターニュを除く諸地方、アンリ4世に帰順。
1595	1月17日	アンリ4世、スペインに宣戦を布告。
	9月17日	教皇クレメンス8世、アンリ4世の破門を解除。フランス王として承認。
	10月28日	旧教同盟のマイエンヌ公、アンリ4世に帰順。
1596	2月17日	マルセイユ市民、反スペイン暴動を起こし、アンリ4世を支持。
	3月20日	ブルターニュ地方総督のメルクール公、アンリ4世に帰順:宗教内乱、事実上終結。
1598	4月30日	ナント王令:ユグノーに信教の自由と政治的同権を認める。第8次宗教戦争終結。
	5月2日	ヴェルヴァン条約:フランスとスペインが講和し、スペインの占領地がフランスに返還される。

文庫クセジュ　Q 1060
フランスの宗教戦争

2023年8月20日　印刷
2023年9月10日　発行
著　者　　ニコラ・ル・ルー
訳　者 ©　久保田剛史
発行者　　岩堀雅己
印刷・製本　株式会社平河工業社
発行所　　株式会社白水社
東京都千代田区神田小川町 3 の 24
電話　営業部　03 (3291) 7811 / 編集部　03 (3291) 7821
振替　00190-5-33228
郵便番号　101-0052
www.hakusuisha.co.jp

乱丁・落丁本は、送料小社負担にてお取り替えいたします。
ISBN978-4-560-51060-5
Printed in Japan

文庫クセジュ

歴史・地理・民族（俗）学

文庫クセジュ

文庫クセジュ

哲学・心理学・宗教

738 医の倫理
739 心霊主義
751 ことばの心理学
754 パスカルの哲学
764 認知神経心理学
773 エピステモロジー
778 フリーメーソン
780 超心理学
789 ロシア・ソヴィエト哲学史
793 フランス宗教史
802 ミシェル・フーコー
807 ドイツ古典哲学
862 ソフィスト列伝
866 透視術
874 コミュニケーションの美学
892 新約聖書入門
900 サルトル
905 キリスト教シンボル事典
910 宗教社会学入門

914 子どものコミュニケーション障害
931 フェティシズム
941 コーラン
944 哲学
954 性倒錯
956 西洋哲学史
960 カンギレム
961 喪の悲しみ
968 プラトンの哲学
973 100の神話で身につく一般教養
977 100語でわかるセクシュアリティ
978 ラカン
983 児童精神医学
987 ケアの倫理
989 十九世紀フランス哲学
992 ポール・リクール
996 セクトの宗教社会学
997 100語でわかるマルクス主義
999 宗教哲学
1000 イエス

1002 美学への手引き
1003 唯物論
1009 レジリエンス
1015 100語でわかる子ども
1018 聖なるもの
1019 ギリシア神話シンボル事典
1020 家族の秘密
1021 解釈学
1022 デカルト
1027 思想家たちの100の名言
1030 サン=シモンとサン=シモン主義
1033 ストア派
1038 キリスト教会史100の日付
1044 スピノザ入門
1045 100語でわかる旧約聖書
1046 こころの熟成
1049 今日《こんにち》の不安
1051 シモーヌ・ヴェイユ
1055 イマジネール
1057 ルネ・ジラール